kosmos Naturführer

Pat Bell / David Wright

Gesteine und ihre Mineralien finden und bestimmen

Mit über **bestimmen**

400 Abbildungen in Farbe

Kosmos
Gesellschaft der Naturfreunde
Franckh'sche Verlagshandlung
Stuttgart

Vorwort

Die Gesteine, aus denen unsere Erde besteht, beeinflussen unser Leben stärker, als wir uns im allgemeinen vorstellen können. So prägen sie entscheidend das Landschaftsbild mit und verwittern an der Erdoberfläche zu den die Pflanzendecke tragenden Böden. An Kliffwänden, im Gebirge oder an steilen Talhängen, wo das Gestein in natürlichen Aufschlüssen zutage tritt, können wir am ehesten einen Einblick in die verborgenen Gesteinsformationen gewinnen. Auch künstliche Aufschlüsse wie Kiesgruben oder Tagebaue erlauben dies.

Aber was ist das genau – ein Gestein? Für den Geologen ist es, in wissenschaftlicher Sachlichkeit ausgedrückt, ein natürliches Gemenge aus einem oder mehreren Mineralen, verfestigt oder auch lose. Die Minerale wiederum sind homogene Festkörper von definierter chemischer Zusammensetzung; sie sind das Ergebnis anorganischer Reaktionen und Vorgänge. Danach ist selbst ein plastischer Ton aus der Tongrube als Gestein aufzufassen.

Das vorliegende Buch will ein Leitfaden sein für alle diejenigen, die sich mit den vielfältigen Erscheinungsformen der Gesteine und Minerale im Gelände beschäftigen wollen. Es ist jedoch keineswegs ein reines Bestimmungsbuch, sondern informiert darüber hinaus über Ausrüstung, Geländearbeit, allgemeine Geologie und geologische Prozesse. Daneben dient es als Überblick über die wichtigsten Vorkommen in Deutschland, Europa und Übersee.

Gegliedert wurde es nach der klassischen Dreiteilung in *magmatische, sedimentäre* und *metamorphe* Gesteine. Ein umfangreiches Stichwortverzeichnis am Ende des Buches macht alle wichtigen Begriffe leicht auffindbar.

Inhalt

Einführung

Dieses Buch soll nicht nur dabei helfen, Gesteine und Minerale zu bestimmen, sondern darüber hinaus auch Wesen und Charakter einer Landschaft zu verstehen und so die Verbindung von den in der Tiefe verborgenen Gesteinen mit der aus ihnen hervorgegangenen Landschaft herzustellen. Das Buch beschreibt die Entstehung der drei Hauptgesteinsarten und zeigt in seinem Tafelteil, wie man sie aufgrund ihrer beobachtbaren Merkmale erkennen kann. Die Farbtafeln enthalten alle wichtigen Gesteinsarten zusammen mit den sie aufbauenden Mineralen. Der Begleittext gibt Auskunft über ihre Zusammensetzung, Entstehung und Verbreitung.

Zum Gebrauch des Buches

Die einführenden Abschnitte helfen Ihnen, den Blick für das, was Sie finden wollen, zu schärfen und effektiv zu sammeln. Sie werden bald in der Lage sein, Gesteinsproben anhand ihrer Lage im Gelände zu identifizieren. Einen ersten Hinweis, um welchen Gesteinstyp es sich handelt, gibt der Gesteinsschlüssel (→ S. 49). Orientieren Sie sich nun im jeweiligen Schlüssel der Gesteinsarten (→ S. 50 bis 55) und schlagen Sie dann die in Frage kommenden Seiten der Farbtafeln auf. Das Farbphoto zusammen mit der Beschreibung ist die letzte Prüfung, der Sie Ihr Gesteinsstücks unterwerfen. Gleiches gilt für die jeweiligen gesteinsbildenden Minerale. Systematisches Durchblättern nur des Tafelteils kann natürlich genauso zum Ziel führen.

Richtiges Verhalten im Gelände

Übereifriges Sammeln führte in verschiedenen Aufschlüssen zu Verwüstungen, so daß viele Eigner von Gesteinslokalitäten der Sammeltätigkeit mit Sorge begegnen. Beherzigen Sie daher bitte unbedingt folgende Verhaltensregeln:
- alle Gatter und Tore geschlossen halten
- keine Abfälle zurücklassen
- örtliche Gemeindevorschriften beachten
- vor dem Betreten von Privatgrundstücken mit dem Eigentümer sprechen
- Gesteinsbrocken nicht über Felder oder Wege verstreuen
- Rücksicht auf Wild- und Haustiere nehmen

Meiden Sie brüchige und instabile Wandteile oder Kliffs, wenn Sie sich einem Aufschluß im Steinbruch oder an der Küste nähern. Erkundigen Sie sich nach den örtlichen Ebbe- und Flutverhältnissen! Schlagen Sie nicht wahllos jeden Felsen an und nehmen Sie nicht mehr Proben mit, als sich wirklich lohnt. Beim Hämmern – besonders an Hartgestein – sollten Sie die Augen mit einer Schutzbrille vor scharfkantigen Splittern schützen.

Richtige Probenahme

Alle Proben sollten sorgfältig durchnumeriert werden. Eine Kurzbeschreibung der Fundstelle sowie vorgenommene Messungen und andere Daten werden im *Feldbuch* festgehalten. Vor der Archivierung werden die Proben von Erde und Staub befreit und gewaschen und getrocknet.

Die Ausrüstung

Das wohl wichtigste Requisit des Geologen ist der Geologenhammer; üblich sind solche von 500 und 1000 Gramm. Oft sind zum vorsichtigen Herausbrechen der Handstücke ein oder mehrere Kaltmeißel von großem Nutzen – bei splitterigem Gestein haben sich Meißel mit breiter Klinge bewährt. Plastikbeutel, wasserfeste Marker und ein Feldbuch zur Eintragung aller Felddaten sind gleichfalls wichtige Ausrüstungsgegenstände.

Als Diagnosegerät zur Identifizierung einzelner Mineralkörner im Gesteinsverband dient eine starke Lupe. Gute Dienste leistet auch eine kleine, nicht polierte Porzellanplatte als Strichplatte (→ S. 16); Taschenmesser und Glasscheibe dienen zur Feststellung der Mohs-Härte (→ S. 17). Den Calcitgehalt eines Gesteins testet man am besten mit Essigessenz im Spritzfläschchen (calcithaltiges Gestein braust auf der Bruchfläche leicht auf). Geologische Raritäten sollten Sie besser mit der Kamera einfangen als bei ihrem Abbau durch Sammeln mitzuwirken. Zur Feststellung der örtlichen Lagerungsverhältnisse, der *Tektonik*, eignet sich am besten ein Geologenkompaß. Mit ihm ist es ein leichtes, das sogenannte *Streichen* und *Fallen* einer Gesteinsfläche zu messen (→ S. 10). Billiger als dieses Spezialgerät kommen allemal ein normaler Kompaß für die Streichrichtung und ein selbstgebastelter Neigungsmesser für die Fallrichtung. Letzterer besteht aus einem Winkelmesser aus Plexiglas und einem kleinen Lot. Die gerade Linie zwischen den beiden 90°-Marken dient als Anlegelinie. Sie wird nach einer geraden Schicht- oder Schieferungsfläche im Gestein ausgerichtet. Die Abweichung der Lotschnur von der Hilfslinie wird nunmehr von der Winkelskala abgelesen, und das Fallen der Gesteinsfläche festgestellt.

Tragen Sie festes, bequemes und wasserdichtes Schuhwerk zusammen mit Wollsocken. Kniebundhosen oder weit geschnittene Freizeithosen, auch Shorts, sind vorzuziehen. Es gibt inzwischen eine Fülle von Freizeitkleidungen mit hervorragenden Wärme- und Witterungseigenschaften, die sich bei widrigen Verhältnissen (Wetterwechsel) gut bewährt haben.

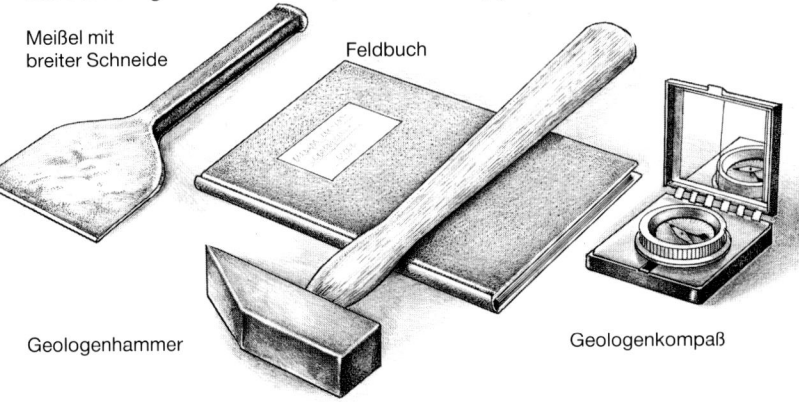

Meißel mit breiter Schneide

Feldbuch

Geologenhammer

Geologenkompaß

Grundausrüstung für die geologische Geländetätigkeit. Sie transportieren sie am besten im Rucksack, in dem auch die Handstücke verstaut werden.

Im Gelände

Das Tätigkeitsfeld des Geologen, wo er die Gesteine vor Ort erforschen kann, ist das Gelände. Hier sammelt er seine Basisinformationen, die durch verschiedene Labortests abgerundet werden. Je nach Fragestellung werden im Gelände die Schwerpunkte gesetzt. So kann sich Ihr Interesse etwa nur auf einen bestimmten Aufschluß richten, in dem Sie das Verhältnis der einzelnen Gesteinsarten zueinander feststellen und entsprechende Handstücke mitnehmen; oder aber Sie wollen die Geologie eines ganzen Gebietes erforschen und studieren deshalb möglichst viele Aufschlüsse.

Der Einstieg

Ein längerer Aufenthalt im Gelände erfordert eine gewissenhafte Planung. Prüfen Sie Ihre Ausrüstung, ob sie der Beanspruchung genügen wird. Für die Orientierung brauchen Sie topographische Karten im Maßstab von mindestens 1:50 000 oder besser 1:25 000. Studieren Sie die Karte sorgfältig und kennzeichnen Sie Gruben und Aufschlüsse mit einem Nadeldurchstich (auf der Kartenrückseite markieren). In den guten Aufschlüssen gewinnen Sie einen raschen Überblick über die örtlichen Gesteine und können sich die weniger guten für später aufheben. Die Karte heften Sie an ein Klemmbrett mit Schutzfolie und Kordel zum Umhängen.

Aufschlüsse werden stets nach allen auffälligen Merkmalen, wie hier gefaltete Schichten, durchsucht. Deutlich sieht man die radial stehenden Klüfte. Die besten Aufschlüsse sind Steinbrüche, Kiesgruben, Hanganschnitte und Kliffe.

Eintragung der Felddaten

Ein sorgfältiges Geländeprotokoll ist von großer Bedeutung, da es Ihre einzige Unterlage über Ihre Fundstellen ist. Ein späteres Wiederauffinden derselben ist dadurch gewährleistet. Ein klarer, prägnanter Text mit Aufschlußzeichnungen und -photos sollte Ihre Eintragungen auszeichnen. Sorgen Sie für die richtige Zuordnung der Photos und Skizzen und halten Sie den Standpunkt fest, von dem aus sie gemacht wurden. Achten Sie darauf, daß mit jedem Photo ein maßstabgebender Gegenstand (Münze, Hammer, Person) abgelichtet wird – sonst kann auf dem Bild nicht auf die wahre Größe des Objekts geschlossen werden.

Fertigen Sie Ihre Eintragungen so an, daß Sie auch von einem Nichteinge-
weihten richtig interpretiert werden können. Jede Fundstelle (Aufschluß
oder irgendeine geologische relevante Stelle) sollte auf der Karte mit Hilfe
der Gitterkoordinaten festgehalten werden. Andernfalls messen Sie Ihren
Standort mit dem Kompaß unter Zuhilfenahme auffälliger Geländemerk-
male ein. Peilen Sie dabei mit dem Kompaß das erste Objekt an, richten ihn
nach Norden aus und lesen ab; analog führen Sie diese Messung an einem
zweiten Objekt, das etwa 90° zum ersten versetzt liegt, aus. Überträgt man
die Peilungslinien auf die eingenordete Karte, läßt sich durch den Schnitt-
punkt der beiden der Standpunkt des Peilenden ermitteln. Beachten Sie dabei die gerade gültige magnetische Nordrichtung, die sich aus dem Erschei-
nungsjahr der Karte errechnen läßt.

Objekt
über
diese
Flucht
anpeilen

Gegen
diese
Linie
ablesen

Bei einer Kompaßpeilung werden mit dem
Kompaß zwei markante Geländepunkte
eingemessen (siehe Text). Beide Positionen
vergleicht man dann mit magnetisch Nord.

Handstücke auswählen

Die Auswahl sollte sich stets auf die wichtigsten Stücke beschränken, um
den Aufschluß zu schonen. Die Proben sollten repräsentativ sein; bei einem
stark diversifizierten Aufschluß sollte sich der Probenumfang auf viele
kleine Stücke stützen. Die Handstückgröße hängt zwar von der Korngröße
des Gesteins ab, doch nehmen Sie nicht allzu schwere Proben, insbesondere
wenn Sie einen weiten Weg haben. Faustgröße erfüllt in den meisten Fällen
den Zweck. Das Handstück wird mit einer Probennummer versehen und in
ein Behältnis mit gleicher Nummer gelegt (unbeschriftbare Proben in einen
Beutel mit numeriertem Zettel geben). Die Probennummern müssen mit
den entsprechenden Feldbuchnotizen übereinstimmen.

Am Aufschluß. Wählen Sie einen Standpunkt, von dem aus Sie den ganzen
Aufschluß überblicken und versuchen Sie, seine auffälligsten Merkmale
herauszuarbeiten. In Sedimentgesteinen sind das beispielsweise Schichtflächen, Fließstrukturen könnten auf Magmatite hinweisen. Achten Sie auf
Gänge und Spalten, oft bergen sie Gangminerale wie Quarz oder Calcit.
Wollen Sie sich mehr der Geologie als dem Sammeln widmen, werden Sie
mit Neigungsmesser und Kompaß (oder Geologenkompaß) das Streichen

9

und Fallen zu ermitteln suchen (→ Abb.), um damit auf die Lagerungsverhältnisse des Gesteins und seiner tektonischen Entwicklung schließen können. Das Fallen ist einfach der Winkel einer Schichtfläche zur Horizontalen (→ S. 30), während das Streichen durch die Richtung einer horizontalen Linie auf der Schichtfläche angezeigt wird. (An einem Hausdach ist das Streichen einer Dachfläche durch die Regenrinne, das Fallen durch den Giebel, der auf der Regenrinne senkrecht steht, gegeben.) Legen Sie so an der Schichtfläche an, daß der größte Winkel angezeigt wird – das ist der gesuchte Wert. Geben Sie zusätzlich die Himmelsrichtung an, in die das Fallen weist. Zeichnen Sie nun im rechten Winkel zum Fallen eine Linie in das Gestein und messen Sie deren Orientierung derart, wie Sie Ihren Standpunkt eingemessen hatten (→ S. 9). Bei verfalteten Gesteinsstrukturen gewinnen Sie auf diese Weise eine räumliche Vorstellung der Faltung. Richtet sich Ihr Interesse dagegen mehr auf die Bestimmung der Gesteins- und Mineralarten, so sind diese Messungen für Sie ohne Belang.

Nach einem ersten Überblick über das Vorkommen geht es als nächstes an die Probenahme. Haben Sie eine Gesteinsgrenze ausgemacht, nehmen

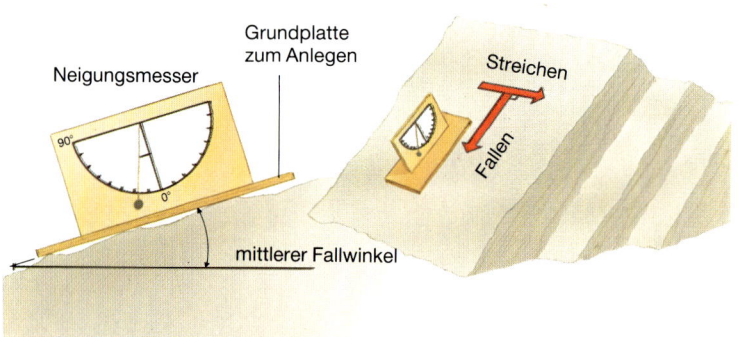

Messung des Fallens (links). Auf glatter Unterlage ist stets der größte Fallwinkel das wahre Fallen. Auf welliger Unterlage wird das Feldbuch ausgleichend verwendet. Rechts im Bild das Verhältnis von Streichen und Fallen.

Sie Proben von beiderseits dieser Grenze. Brechen Sie stets frisches Gestein heraus, nehmen Sie keine herabgefallenen Bruchstücke. Dann haben Sie die Gewähr, Proben aus ganz bestimmten Teilen des Aufschlusses zu erhalten. Suchen Sie eine feste Ecke aus und versuchen Sie, ein faustgroßes Stück abzuschlagen. Oft machen Sie sich die Arbeit leichter, wenn Sie den Meißel in einen Spalt eintreiben. Betrachten Sie die frische Bruchfläche unter Zuhilfenahme der Lupe. Halten Sie diese ganz nahe ans Auge und fokussieren Sie durch Annähern des Handstücks. Mit dieser Methode bekommen Sie einen guten Ausschnitt. Mit der Lupe sehen Sie die einzelnen Bestandteile des Gesteins und ihre relative Häufigkeit.

Prüfen Sie die Härte der Kristalle, indem Sie sie mit dem Messer ritzen. Wischen Sie den Kristall mit dem Finger ab und kontrollieren sie, ob er einen Kratzer hat (lassen Sie sich von möglichen Metallsplittern der Klinge nicht irritieren). Wenn nicht, machen Sie die Gegenprobe und ritzen ihrerseits die Klinge mit einer Kristallkante. Ritzen beide oder beide nicht, so dürfte das Mineral eine ähnliche Härte wie der Stahl haben. Dann streichen Sie, als würden Sie ein Zündholz anreiben, mit der Kristallkante über die Strichplatte. Nach dem Wegblasen von Gesteinsmehl prüfen Sie gegebenenfalls die Strichfarbe. Ein weißer Strich ist oft nur schwer auszumachen.

Verdünnte Salzsäure oder Essigessenz reagieren mit Karbonatmineralen und können deshalb zur Identifizierung kalkiger Gesteinskomponenten eingesetzt werden (→ S. 126). Schäumt und sprudelt es mehr oder minder an der Stelle auf, an der Sie einen Tropfen der Reagens aufgeträufelt haben, so dürfte das Gestein Calcit (heftige Reaktion) oder evtl. Dolomit (schwache Reaktion) enthalten. Betrachten Sie mit der Lupe die mit der Säure benetzte Fläche: Sprudelt die gesamte Fläche oder nur das Bindemittel, die Matrix, es zwischen den Körnern? (Bei Kalksandstein ist letzteres der Fall → S. 126.) Ziehen Sie die Gesteinsschlüssel zu Rate und schlagen Sie dann die entsprechenden Farbtafeln auf, um den Gesteinstyp zu bestimmen.

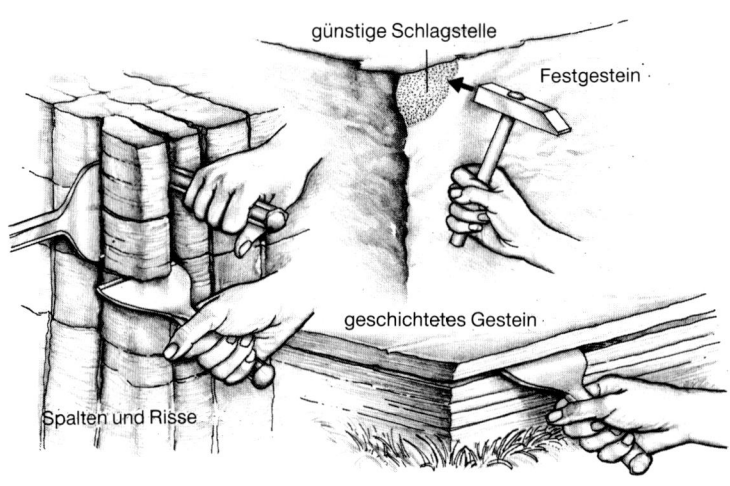

Arten der Probenahme. Je nach Gestein werden verschiedene Meißel und Techniken angewandt. Es sollte nur nach Bedarf entnommen werden.

Fossilien

Fossilführende Gesteine verdienen unsere besondere Beachtung. Durchsuchen Sie ruhig erst abgeschlagene Gesteinsbruchstücke am Fuß des Aufschlusses, da sie oftmals noch unentdeckte Exemplare enthalten. Fossilien finden sich nicht selten auf Schichtflächen. Brechen Sie das Gestein mit Hammer oder Meißel entlang von Fugen auf (bei weichen Tongesteinen tuts auch das Messer). Falls Sie Fossilien in situ, also aus dem Anstehenden, benötigen, zerschlagen Sie bitte so wenig wie möglich Gestein.

11

Die geologische Karte

Geologische Karten liefern eine Menge wertvoller Informationen; sie basieren auf den Erkenntnissen, die der Geologe aus den verschiedenen Aufschlüssen eines Gebiets gewinnt. Lassen Sie sich nicht von den großflächigen Farben der Formationen zu der Annahme verleiten, daß Sie dort überall auch etwas finden. Die Aufschlüsse sind meist willkürlich über das Gelände verteilt; ohnehin ist das anstehende Gesteins meist von der Boden- und Pflanzendecke verdeckt oder ist bebautes Gebiet. Deshalb hält man sich am besten immer an die eingezeichneten Gruben und Hanganschnitte.

Hügel und Täler können ein tektonisch relativ einfach aufgebautes Gebiet unübersichtlich machen. Die meisten geologischen Karten enthalten jedoch ein Tiefenprofil, das einem die räumliche Anordnung der Gesteinsarten besser verdeutlicht (→ Blockbild unten). Symbole für das Streichen und Fallen helfen ebenfalls, die tektonischen Elemente zu verstehen. Es erfordert schon einige Vorstellungskraft, sich unter einem bewegtem Relief von den Lagerungsverhältnissen ein dreidimensionales Bild zu machen.

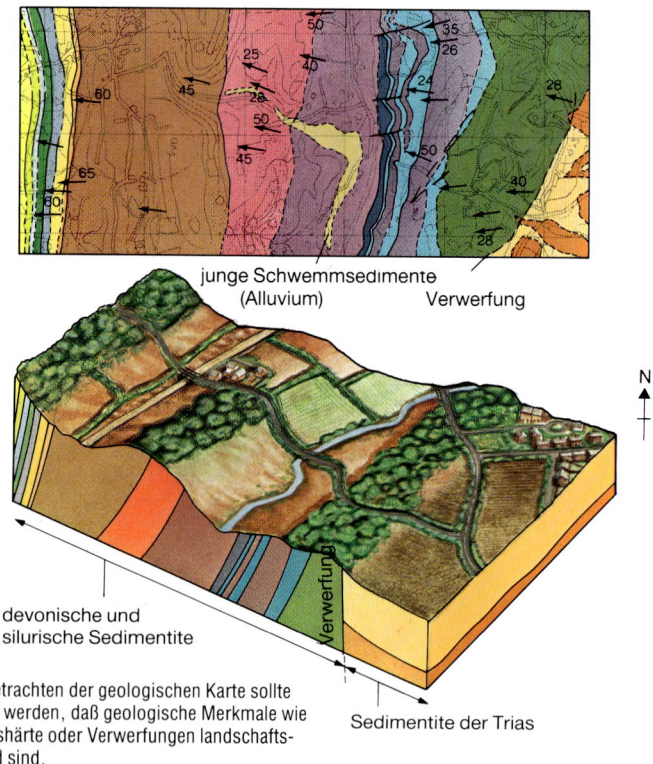

junge Schwemmsedimente
(Alluvium)

Verwerfung

N

devonische und
silurische Sedimentite

Verwerfung

Beim Betrachten der geologischen Karte sollte
bedacht werden, daß geologische Merkmale wie
Gesteinshärte oder Verwerfungen landschafts-
formend sind.

Sedimentite der Trias

12

Geologische Zeittafel

Die Namen der Gesteinseinheiten und ihre Unterteilungen beruhen auf einer Vielzahl von Eigenschaften wie Alter, Fossilinhalt, mineralogische Zusammensetzung; sie hören sich dadurch oft recht kompliziert an. Auch die nebenstehende Zeittafel ist nicht überall verbindlich. So verschieben sich mitunter, je nach Forschungsstand und -meinung, die Zeitgrenzen und sogar die Formationsbezeichnungen können variieren. So wird das Karbon in Nordamerika in zwei Systeme, das Mississippian und das Pennsylvanian unterteilt. Die längsten Zeitabschnitte nennt man *Äon*. Dann unterteilt man weiter in *Ära* (z.B. Paläozoikum), *Periode* (z.B. Perm), *Epoche* (z.B. Keuper) und *Alter* (z.B. Nor). Die Legende der geologischen Karte ist gleichermaßen aufgebaut. Entsprechend der Alterseinteilung kennt der Geologe auch eine Klassifizierung ausschließlich nach dem Gestein. Der Ära entspricht dann die *Gruppe*, der Periode die *Formation*, der Epoche die *Abteilung* und dem Alter die *Stufe*. Auf den ersten Blick wirkt dieses Schema verwirrend, aber vom Standpunkt der Karte aus dient es zweifellos zur Vereinfachung der Situation.

Geologische Gebietskarten sehen im Prinzip genauso aus; sie enthalten alle im Gebiet vorkommenden geologischen Formationen.

Ära	Periode	Jahrmillionen
Känozoikum	Quartär	1
	Tertiär	62
Mesozoikum	Kreide	72
	Jura	45
	Trias	50
Paläozoikum	Perm	50
	Karbon	65
	Devon	60
	Silur	20
	Ordovizium	75
	Kambrium	100

Die geologische Zeittafel mit den wichtigsten Zeitabschnitten. Noch vor dem Kambrium liegt das Präkambrium, das vor ca. 4,6 Milliarden Jahren begann.

Minerale

Alle Gesteine setzen sich aus einem oder mehreren *Mineral(en)* zusammen. Ein Mineral ist ein natürlicher Festkörper definierter chemischer Zusammensetzung mit bestimmten physikalischen Eigenschaften. Es besteht aus einem oder mehreren chemischen Element(en). Enthält es nur ein einziges Element, etwa Kupfer, so spricht man von einem *gediegenen* Metall. Die große Mehrzahl der Minerale jedoch tritt in Form von *chemischen Verbindungen* mit zwei oder mehreren Elementen auf. Die äußere Erscheinungsform der Minerale nennen wir *Kristall*; seine Flächen reflektieren die inneren atomaren Kristallgitteraufbau jedes individuellen Kristalls. Haben die Kristalle Gelegenheit, ungehindert zu wachsen, entwickeln sie reguläre Formen mit glatten und planen Flächen; sie eignen sich vorzüglich zur Diagnose des Minerals. In Mineralaggregaten hingegen ist Formvollkommenheit selten gegeben.

Hornblende

Granit

Feldspat

Muskovit

Quarz

Biotit

Oben: Ein Handstück mit Granit und seine wichtigsten Minerale. *Rechts*: Die 7 Kristallsysteme; jedes wird durch ein Achsendiagramm mit einem Mineralbeispiel repräsentiert.

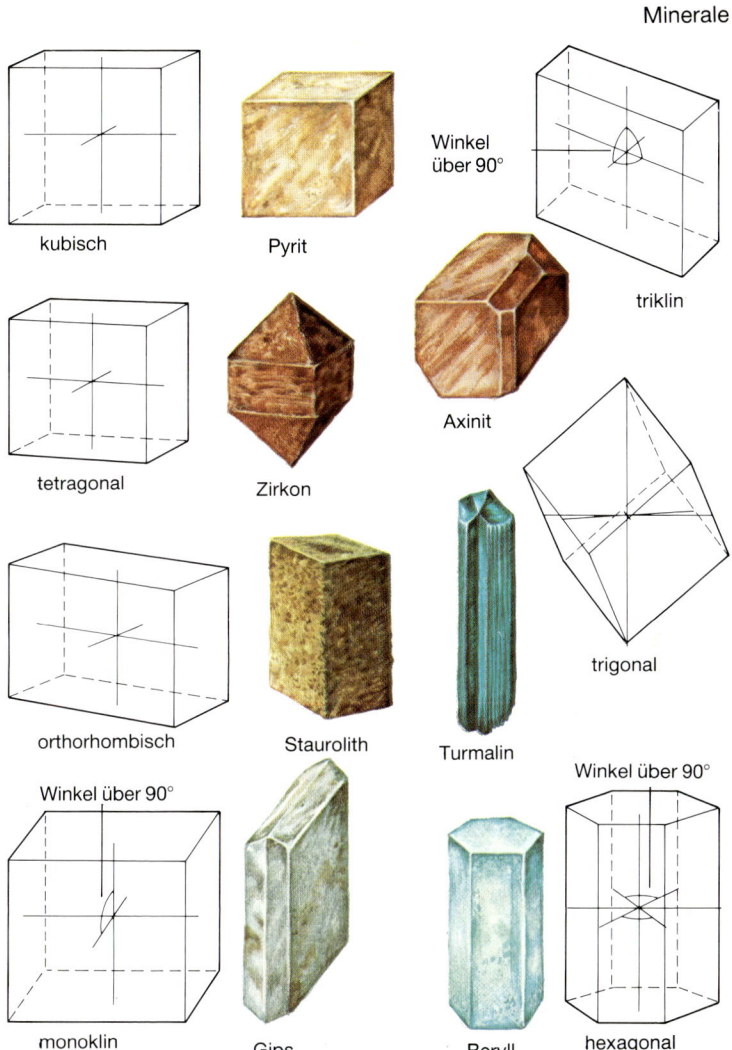

kubisch

Pyrit

Winkel über 90°

triklin

tetragonal

Zirkon

Axinit

trigonal

orthorhombisch

Staurolith

Turmalin

Winkel über 90°

Winkel über 90°

monoklin

Gips

Beryll

hexagonal

Der Kristallgitteraufbau aller Minerale wird durch nur 7 *Kristallsysteme* abgedeckt: das kubische, tetragonale, hexagonale, trigonale, orthorhombische, monokline und trikline System. Allen Systemen liegen Rotationsachsen zugrunde, zu denen der Kristall symmetrisch ist. So besitzt ein tetragonaler Kristall eine sog. vierzählige Rotationsachse. Wenn der Kristall um diese Achse rotiert, so kommen viermal, also alle 90°, alle Punkte auf den Flächen zur Deckung. Jede Kristallfläche kann sich zwar individuell entwikkeln, jedoch bleiben die Winkel zwischen den Flächen stets gleich.

Die unterschiedliche Ausprägung der Kristallflächen verleiht dem Kristall seinen typischen *Habitus*. So spricht man bei flachen, plattigen Kristallen von einem tafeligen oder bei länglichen Kristallen von einem prismatischen Habitus. Die Gitteranordnung seiner Atome, zusammen mit seinem Chemismus, gibt dem Mineral physikalische Eigenschaften, die uns Rückschlüsse auf die Identität des Minerals gestatten.

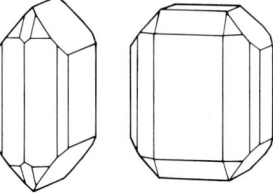

Tafeliger Habitus ist besonders bei den Glimmern (oben), prismatischer bei vielen Silikaten (rechts) zu finden.

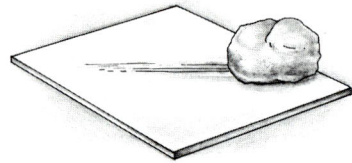

Links: Der Strich eines Minerals wird durch Reiben über eine unglasierte Porzellanplatte erzeugt. Er stellt für viele Minerale ein Erkennungszeichen dar.

Die *Farbe* bei angewitterten Proben ist ein unzuverlässiger Indikator, da sie meist auf der der Verwitterungsprodukte beruht. Viel besser für eine Farbprüfung eignet sich pulveriger Abrieb. Der *Strich* auf rauhem Porzellan ist daher ein wichtiges Diagnosemerkmal.

Die Mineraloberfläche reflektiert das Licht in unterschiedlicher Art und Stärke; man spricht vom *Glanz* des Minerals. Er kann metallisch, glasig oder glasartig, fett, perlmutt, seidig sein – fehlt der Glanz, was oft vorkommt, nennt man das Mineral matt.

Viele Sulfide, wie hier der Bleiglanz (links), zeigen einen metallischen Glanz. Rechts im Bild ein typischer Vertreter glasigen Glanzes, die Quarzvarietät Rosenquarz.

Das vielleicht wichtigste Identifizierungsmerkmal eines Minerals ist dessen *Härte*. Ihre Bestimmung ist stets eine relative gegenüber härteren oder weicheren Gegenständen bekannter Härte. Maßstab ist eine Liste von 10 Mineralen, die Bestandteil der standardisierten *Mohsschen Härteskala* sind. Sie reicht vom weichsten Mineral, das die Härte 1 besitzt, bis zum härtesten der Härte 10:

Talk	1	Kalifeldspat	6
Gips	2	Quarz	7
Calcit	3	Topas	8
Fluorit	4	Korund	9
Apatit	5	Diamant	10

Danach ritzt Fluorit den Calcit und wird seinerseits von Apatit gekratzt. In der Natur findet man kaum Minerale der Standardhärten. Sie können aber davon ausgehen, daß Ihr Fingernagel die Härte 2,5 hat, eine Kupfermünze etwa 3, Fensterglas 5,5 und eine Stahlklinge ca. 6,5.

Die meisten Minerale spalten mehr oder weniger leicht nach bestimmten Flächen, den *Spaltflächen*. Auch sie spiegeln den internen Atomgitterbau des Minerals wider. Oft verlaufen sie parallel zu den Kristallflächen. Einige Minerale wie der Quarz besitzen keinerlei Spaltbarkeit, sondern zeigen unregelmäßigen Bruch.

Die Minerale werden auf der Grundlage ihrer chemischen Zusammenset-

Biotit hat entlang der hier gut sichtbaren Spaltflächen eine vollkommene Spaltbarkeit.

Quarz besitzt keine Spaltflächen. Statt zu spalten bricht er in unregelmäßigen Bruchflächen.

zung in folgende Mineralklassen eingeteilt: *Elemente* (Diamant, Gold), *Oxide* (Korund, Magnetit), *Sulfide* (Bleiglanz, Pyrit), *Sulfate* (Gips, Baryt), *Halogenide* (Steinsalz, Fluorit), *Karbonate* (Calcit, Magnesit), *Phosphate* (Apatit, Türkis) und *Silikate*, die weitaus größte Klasse der Minerale.

Die Silikate bestehen im wesentlichen aus Silizium-Sauerstoff-Tetraedern (das Sauerstoffatom sitzt an den Ecken, das kleinere Siliziumatom im Zentrum), die auf verschiedene Weise miteinander vernetzt die Silikatgruppen bilden. Isolierte Tetraeder enthalten der Olivin oder Granat, zu Ringen verbundene Tetraeder enthält der Beryll oder der Turmalin, Ketten aus Tetraedern bilden die Pyroxene, Doppelketten die Amphibole, Schichtlagen aus Tetraedern charakterisieren die Glimmerminerale und räumliche Tetraederstrukturen finden wir im Quarz und in den Feldspäten. Kettensilikate haben zwei Spaltflächen, während Schichtsilikate nur eine, die parallel zu den Atomlagen liegt, besitzen.

Magmatite

Die Entstehung magmatischer Gesteine

Sollten Sie jemals in ein Bergwerk einfahren, so werden Sie, je tiefer Sie kommen, eine allmähliche Temperaturzunahme feststellen. In bestimmten Gebieten der Erdkruste nimmt mit der Tiefe die Wärme so rasch zu, daß schon ab 100 km Tiefe Temperaturen erreicht werden, die zusammen mit dem Druck das Gestein teilweise oder ganz zum Schmelzen bringen. Diese geschmolzenen, mit Gasen angereicherten Gesteinsmassen nennen wir *Magma*. Tritt es an der Erdoberfläche in Vulkanen aus, spricht man von *Lava*. Erstarrtes Magma, ob unter- oder oberirdisch abgekühlt, liefert schließlich die Magmatite.

Die meisten Magmen enthalten zwischen 40 und 75 Prozent Siliziumdioxid, SiO_2; sie entstammen Schmelzen mit einem Übermaß an Silikatmineralen. Es ist klar, daß in den daraus hervorgehenden Magmatiten wiederum Silikatminerale wie Olivin, Pyroxene, Amphibole, Glimmer, Feldspäte und Quarz vorherrschen. An manchen Vulkanen konnten Eruptionstemperaturen der Lava von 700 °C bis über 1200 °C gemessen werden. Der Chemismus der Laven variiert ebenfalls recht stark, zeigt aber gewisse Abhängigkeiten zur Temperatur. Im allgemeinen gehen die physikalischen Eigenschaften der Magmen (und Laven) mit den chemischen Schwankungen einher.

Magma. Es entsteht durch Aufschmelzung von Gesteinskomplexen, sobald die Temperatur- und Druckverhältnisse es erlauben. Das heißt, daß die Magmenentstehung tief im Erdkörper stattfinden muß – entweder im unteren Teil der *Erdkruste* (der äußersten Zone des Erdschalenbaus), oder im *Erdmantel*, der mittleren Zone.

Der Schmelzprozeß selbst hängt nicht nur von den Temperatur- und Druckverhältnissen allein ab, sondern auch davon, in welchen Mengen Gase wie Wasserdampf und Kohlendioxid in der Schmelze zugegen sind. Vollständiges Aufschmelzen des Gesteins ist ohnehin eher die Ausnahme. Die meisten Gesteine setzen sich aus mehreren Mineralen, gewöhnlich Silikaten, die alle verschiedene Schmelztemperaturen haben, zusammen. Vollständiges Schmelzen eines derartigen Mineralgemenges kann daher nur oberhalb eines Temperaturbereichs, der die niedrigschmelzenden Bestand-

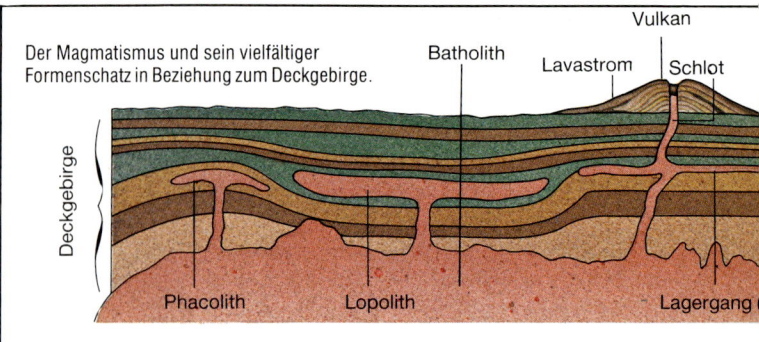

Der Magmatismus und sein vielfältiger Formenschatz in Beziehung zum Deckgebirge.

Deckgebirge

Vulkan

Batholith
Lavastrom
Schlot

Phacolith
Lopolith
Lagergang

teile um 200 bis 300 °C übersteigt, stattfinden. In der Natur ist es oft so, daß die herrschende Temperatur nur einen Teil der Minerale zum Schmelzen bringt, das Gestein also nicht vollständig aufschmilzt. Das zunächst entstehende Magma trennt sich vom noch festen Teil und hat folglich eine Zusammensetzung, die nur den geschmolzenen Anteilen im Gestein entspricht. Man spricht bei diesen Magmen von *Teilschmelzen*. Diese Prozesse können in modernen Hochdrucklaboratorien nachgeahmt werden.

Chemismus der Magmen

Magmen und Laven enthalten eine Reihe von Elementen wie Aluminium, Eisen, Magnesium, Calcium, Natrium und Kalium, die sich mit dem Sauerstoff zu Oxiden verbinden. Das weitaus wichtigste Element – wir sprachen bei den Mineralen davon – ist das Silizium, das mit dem Sauerstoff die verschiedenen Tetraederformen bildet. Sein Oxid, das SiO_2, ist eine praktische Berechnungsgrundlage zur Klassifizierung der Magmen und Magmatite. Der Gehalt an SiO_2 im Gestein läßt sich analytisch recht einfach ermitteln. Gehalte zwischen 45 und 52 Volumenprozent SiO_2 lassen auf *basische* Gesteine schließen; solche zwischen 52 und 66 Volumenprozent nennt man *intermediäre* Gesteine; und Gesteine mit mehr als 66 Volumenprozent SiO_2 sind *sauer*. Vom Basischen zum Sauren nehmen die Eisen- und Magnesiumgehalte ab, während die Metalle Natrium und Kalium relativ zunehmen.

Erscheinungsbild der Magmatite

Wegen seiner gegenüber dem Umgebungsgestein geringeren Dichte neigt das schmelzflüssige Magma dazu, langsam aufzusteigen. Auch bringt der Schmelzvorgang mit sich, daß das Material sich ausdehnt; das erzeugt wiederum Druck und dieser zwingt das Magma gleichsam nach oben. Es folgt oft tiefgreifenden Rissen, die durch die gewaltigen Drücke in der mobilen Erdkruste geschaffen wurden. Das Magma kann oftmals die Erdoberfläche erreichen und dort in Vulkanen als Lava oder in Form anderer vulkanischer Auswurfprodukte eruptieren. Die solchermaßen hier entstandenen magmatischen Gesteine nennen wir *Vulkanite* oder *Extrusivgesteine*.

Wenn das Magma – vielleicht, weil es zu zäh ist – die Erdoberfläche nicht erreicht und im Aufstiegswege erstarrt, bilden sich in der Erdkruste *Pluto-*

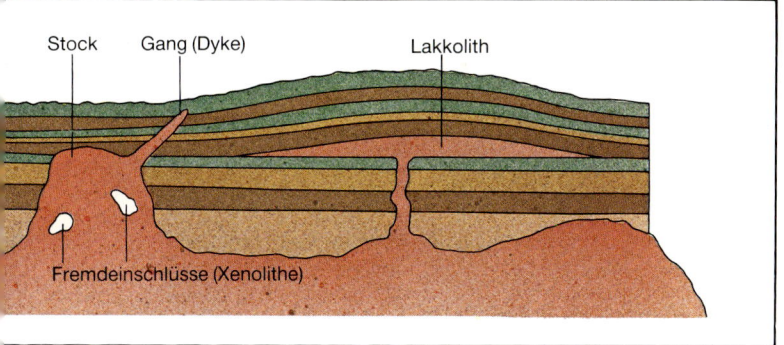

Stock   Gang (Dyke)   Lakkolith

Fremdeinschlüsse (Xenolithe)

nite oder *Intrusivgesteine*. Solche Magmatite können wir erst viel später nach ihrer Entstehung betrachten, wenn nach Jahrmillionen das Deckgebirge, das einst die Plutonite verhüllte, durch Hebungs- und Erosionsvorgänge abgetragen wurde. Schwarzwald und Bayerischer Wald stellen in dieser Hinsicht Musterbeispiele dar.

Vulkanite

Vulkanite liegen in der Regel als erstarrte Lavaströme von verschiedener Form und Größe vor. Die Lava erreicht die Erdoberfläche entweder in langgezogenen, geraden Spalten, den *Klüften*, oder in einer einzelnen Röhre, einem *Schlot*. Lavabrocken und anderer Eruptionsschutt häufen sich um den Schlot allmählich zu einem Vulkan an. Neben den festen und flüssigen Eruptionsprodukten gibt es die Vulkangase wie Wasserdampf und Schwefeldioxid; sie entweichen größtenteils in die Atmosphäre.

Viele Vulkanausbrüche sind mit mehr oder weniger gewaltigen Explosionen verbunden; Filmaufnahmen vom Ätna oder Mount St. Helens zeugen von diesen eindrucksvollen Naturschauspielen. Dabei wird teils festes, teils noch schmelzflüssiges Material, das in der Luft erstarrt, hochgeschleudert. Die großen Brocken, die vulkanischen *Bomben*, fallen schnell zurück, während sich das Feinmaterial, die *Asche*, weit über die Umgebung verteilt. Im Verlauf mehrerer Eruptionszyklen häufen sich diese *pyroklastischen* Materialien rund um den Vulkan zu Lagen an und verfestigen sich schließlich zu *Pyroklastika*. Naturgemäß sind sie mit den Vulkaniten meist vergesellschaftet.

Lavaströme haben ein sehr wandelbares Äußeres – je nach dem, wie *viskos*, d. h. wie zähflüssig die Lava ist. Der SiO_2-Gehalt beeinflußt dabei entscheidend die Viskosität: Je höher dieser ist, desto zähflüssiger ist auch die Lava. (Denken sie an Wasser, Salatöl und Sirup – in dieser Reihenfolge nimmt die Fließfähigkeit ab und die Viskosität zu. Sirup ist viskoser als das Öl, dieses ist viskoser als das Wasser.) Je wärmer es ist, desto fließfähiger ist eine Flüssigkeit. Füllen Sie Motoröl im Winter ein und es wird Ihnen viel mehr Mühe bereiten als im Sommer, wenn das Öl leichter fließt.

Basische Laven mit ihren geringen SiO_2-Gehalten sind dünnflüssiger und können an genügend steilen Hängen bis zu 50 km/h schnell werden. Diese Laven breiten sich meist weit aus und bilden ausgedehnte, horizontale Vulkanitdecken. Die Ströme selbst zeigen verschiedenartige Oberflächenstrukturen. Manche zeigen relativ glatte, manche gefältelte, gefaltete oder seilartige Oberflächen wie die *Pahoehoe-* oder *Stricklava*; andere haben eine mehr zerstückelte, sehr rauhe Oberfläche wie die *Aa-* oder *Blocklava*.

Laven mit höherem SiO_2-Gehalt sind kaum noch fließfähig, oft stauen sie sich schon an kleinen Hindernissen. Sie produzieren kurze, dicke Ströme, Quellkuppen und Dome. Wasser und gelöste Gase setzen die Zähigkeit herab und mindern so zu einem gewissen Grad den Einfluß des SiO_2; nur dadurch können diese Laven überhaupt noch fließen.

Vermutlich die größte Masse aller Vulkanite, die Basalte der Ozeanböden, extrudiert unter Wasser. Offensichtlich steigert die schnelle untermeerische Abkühlung die Viskosität derart, daß die Lava lappenartig auseinanderfließt und dabei sackähnliche Formen bildet. Solche Lavaablagerungen

Pillow-Laven in ihrer typisch sackartigen Ausbildung. Es sind Spilite, umgewandelte Basalte. Sie enthalten oft Jaspis.

Pahoehoe- oder Stricklava erinnert an in Schlingen gelegte Seile. Dies geht auf die Fließbewegung der schneller abkühlenden Oberfläche zurück. Stricklaven finden wir meist in basaltischen Laven.

heißen deshalb *Kissen-* oder *Pillowlava.*

In basischen Lavagesteinen findet man häufig zahlreiche Gasblasenhohlräume; in intermediären und sauren Gesteinen sind sie selten. Letztere zeigen dafür manchmal Fließstrukturen, die auf Stoffdifferenzierungen während des Fließens zurückgehen.

Plutonite

Intrusiv- und Extrusivgesteine sind oft vergesellschaftet, obgleich manche Plutonite von Magmen abstammen, die offensichtlich ganz in der Tiefe erstarrt sein mußten. Intrusivgesteine sind in der Regel an kontinentale Gebirgszonen gebunden, während sie im ozeanischen Bereich schier fehlen. Größe, Form und Entstehungstiefe der intrusiven Massen und ihre Beziehungen zum Umgebungsgestein oder *Nebengestein* ermöglichen es, sie zu benennen und zu klassifizieren. Eine erste Einteilung unterscheidet *Großintrusionen* sowie *Klein-* oder *hypabyssische Intrusionen.*

Intrusionen durchschneiden und -schlagen nicht selten quer das meist sedimentäre Deckgebirge; ihre Lagerung zueinander ist dann *diskordant.* Plutonite, die entlang der Schichtflächen des Nebengesteins intrudierten, liegen dazu *konkordant* (lat. übereinstimmen). Großintrusionen mit einer Ausbißoberfläche von mehr als 100 km², steilstehenden Kontaktflächen mit dem Nebengestein und in der Tiefe verborgenen Förderkanälen werden *Batholithe* genannt. Projektionen der oberen Partien entpuppen sich als *Stöcke* und *Buckel*. Stöcke sind kleiner aber formverwandt zu den Batholithen, während Buckel nochmals kleiner und kreisförmige Querschnitte aufweisen. Gesteine, die sich aus solchen diskordanten Intrusionen aufbauen, sind oftmals sauer. Der Prozeß der Platznahme der Plutone ist einem *Aufstemmen* der Nebengesteinsschichten vergleichbar. Das aufsteigende Magma wird in deren Klüfte gedrückt und bewirkt ein Ablösen ganzer Blöcke, die in das Magma einsinken; dadurch dringt das Magma weiter nach oben. Gelegentlich findet man auch große, dicke und ziemlich konkordante Lagen basischer Intrusiva, deren Ausbisse manchmal 6000 km^2 groß werden und deren Mächtigkeiten 6000 m erreichen. In solchen Plutonen ($\rightarrow$ Gabbros, S. 98) entwickelt sich häufig eine lagige Struktur.

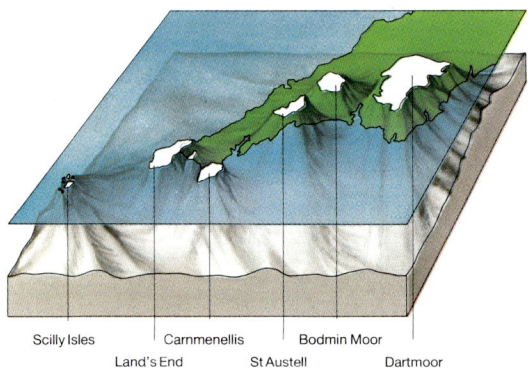

Scilly Isles   Carnmenellis   Bodmin Moor

Land's End   St Austell   Dartmoor

Widerstandsfähige Granitstöcke eines großen Batholithen in Cornwall. Das Deckgebirge ist zwischenzeitlich erodiert. Der ehemals gleichmäßig geformte Batholith wurde sowohl durch die festländische als auch durch die marine Erosion mit der Zeit in mehrere einzelne Stöcke zergliedert, die nunmehr als Härtlinge auf der Halbinsel empor- beziehungsweise als singuläre Inseln aus dem Wasserspiegel herausragen.

Die kleineren, hypabyssischen Intrusionen neigen zu größerer Formenvielfalt und treten sowohl diskordant als konkordant auf. Ihre Herkunft wird einem in großer Tiefe liegenden Magmenkörper, der *Magmenkammer*, zugeschrieben. *Dykes* oder *Gänge* sind senkrecht oder steil verlaufende Kluftfüllungen zwischen wenigen Zentimetern und mehreren Metern Durchmesser – in der Regel sind es 3 m. Erreichen sie die Erdoberfläche, kann man sie an ihrem typisch geradlinigen Verlauf über mehr oder weniger lange Strecken erkennen. Ein charakteristisches Ganggestein ist *Dolerit* ($\rightarrow$ S. 102). Ist das Ganggestein härter als das Deckgebirge, entsteht im Laufe vieler Jahrtausende der Erosion ein lineares, erhabenes Gebilde. Ist es dagegen weicher, entsteht daraus eine landschaftliche Hohlform. Die Dykes erscheinen mitunter in sogenannten *Gangschwärmen*, das sind radial oder parallel verlaufende Gangscharen.

Sills oder *Lagergänge* sind flache, konkordante Injektionen; sie sind an horizontale bis flachansteigende Schichtflächen des Nebengesteins gebunden. Das eindringende Magma muß, um solche weitausladenden Formen zu bilden, dünnflüssig sein – Sills sind daher stets basischer Natur. Mancherorts wurde das Deckgebirge beim Eindringen des Magmas gehoben und leicht aufgebeult. Der Intrusivkörper nimmt dann eine domartige, an der Basis sich abflachende Form an. Bei solch einem pilzartigem Gebilde hat man es mit einem *Lakkolith* zu tun. Die Magmenzufuhr kann sowohl aus der Tiefe als auch seitlich erfolgt sein.

Das Magma kann auch in gefaltetes Deckgebirge eindringen. Boden und Dach der Intrusion haben dann die gleiche Form; die Zufuhrkanäle weisen senkrecht nach unten. *Lopolithe* nennt man diese Intrusionen mit schüssel- oder trichterförmiger Gestalt. Von *Phacolithen* wird gesprochen, wenn die Wölbungen konvex-konkav sind. Einige der großen, lagenartigen basischen Intrusionen ähneln Lopolithen. Aufgrund ihrer Form sollten sie vielleicht Megalopolithe genannt werden.

Mit *Cone sheets* und *Ring dykes* bezeichnet man ringförmige Strukturen kleinerer Intrusionskörper. Erstere sind Dykes, die konzentrischen Kegelmänteln gleich mit der Spitze nach unten in die Tiefe tauchen. Die fast zylindrischen Ring dykes umschließen ein durch den Einsturz der unterlagernden Magmenkammer entstandenes, abgesunkenes Gesteinspaket.

Die Gesteinsstruktur

Das gegenseitige Anordnungsverhältnis der Kristallkörner im Gestein bestimmt dessen *Struktur*. Sie verrät uns viel über die Entwicklungsgeschichte eines Gesteins. Während genauere Untersuchungen ein Mikroskop erfordern, können allein mit der Linse schon gute Ergebnisse erzielt werden – bei grobkörnigen Magmatiten sogar mit dem freien Auge. Aufgrund ihrer Beschaffenheit aus einzelnen Kristallen rechnet man die Magmatite zu den *kristallinen* Gesteinen. Die Kristalle stoßen ohne Zwischenraum aneinander. Sie sind – ein wichtiges magmatisches Merkmal – regellos im Gestein verteilt. Zuerst sollten Sie versuchen, Kristalle mit dem bloßen Auge zu erkennen. Die Kristalle grobkörniger Magmatite haben im Schnitt mehr als 5 mm Durchmesser, mittelkörnige zwischen 1 und 5 mm und kleinkörnige weniger als 1 mm. Stellen Sie ferner fest, ob die Kristalle in etwa einer Größenordnung angehören, also *gleichkörnig* sind, oder ob sie verschiedene Größenklassen einnehmen, *ungleichkörnig* sind. Sind einzelne große Kristalle, die *Einsprenglinge*, in einer feinkörnigen Grundmasse zugegen, haben wir eine *porphyrische* Struktur vor uns – das Gestein wird demgemäß als *Porphyr* bezeichnet.

Magmatische Strukturen hängen davon ab, wieviel Zeit das Magma oder die Lava zum Abkühlen braucht, in welcher Weise die Minerale auskristallisieren, welche Viskosität herrscht und welche Bewegungen das abkühlende Gestein unternimmt. Als Faustregel mag gelten: Je schneller ein Magma abkühlt, desto feinkörniger wird seine Struktur. Die Abkühlungsgeschwindigkeit hängt dabei stark von der Größe und Gestalt des Magmenkörpers ab. Große erstarren viel langsamer, Laven wiederum viel schneller als tiefsitzende Intrusionen, die außerdem von temperiertem Nebengestein umschlossen sind. Schlagartiges Abkühlen bringt oft Gesteinsglas hervor, da die Atome keine Zeit zu einem geregelten Kristallgitteraufbau, wie ihn die Silikate haben, finden. Glas ist nicht kristallin, es ist *amorph*.

Die Gesteine der großen Intrusionen sind gewöhnlich grobkörnig, während die der kleineren, hypabyssischen Intrusionen, da oberflächennah gelegen, schneller abkühlen und daher mittelkörnige bis porphyrische Strukturen aufweisen. Laven erstarren, da sie sehr rasch abkühlen, zu feinkörnigen, porphyrischen oder gar glasigen Gesteinen. Langsames Abkühlen wird außerdem durch niedrige Viskosität wie durch die Anwesenheit gebundenen Wassers begünstigt.

Die Kristallisation aus der Schmelze vollzieht sich innerhalb eines fallenden Temperaturbereichs. Die hochschmelzenden Minerale (z.B. Olivin) kristallisieren zuerst aus, sobald deren Schmelztemperatur unterschritten wird. Sie können noch unbedrängt ihre *idiomorphe*, d.h. charakteristische Kristallform ausbilden. Mit zunehmender Abkühlung und Auskristallisierung anderer Minerale wird das Kristallwachstum aus Platzgründen immer mehr behindert: die *hypidiomorphen* Kristallformen nehmen zu. Die zu Ende der Erstarrung auskristallisierenden Minerale können nur noch die verbliebenen Zwischenräume einnehmen und entwickeln völlig irreguläre, *xenomorphe* Formen.

Viele Magmen beginnen in der Tiefe auszukristallisieren. Die Einsprenglinge von Porphyrgesteinen können sich in dieser Umgebung gut entwickeln. Wird dieses Kristall/Schmelze-Gemisch oberflächlich ausgeworfen, erstarrt der Schmelzeanteil sehr schnell zu einer feinkörnigen Grundmasse mit den besagten großen Einsprenglingen. Wie bei allen Magmatiten weist

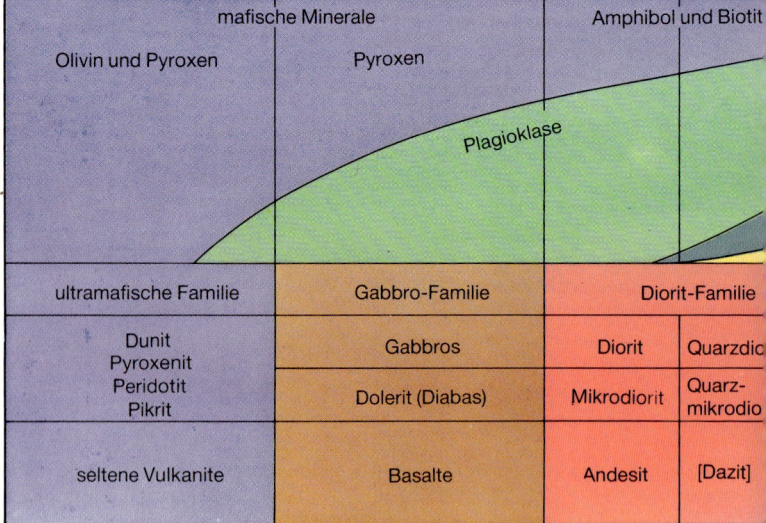

der Mineralbestand auf die ursprüngliche Magmenzusammensetzung hin, während die Struktur als Ausdruck der Kristallform und -größe darüber hinaus die Abkühlungsgeschichte des Magmas verrät.

Die Einteilung der Magmatite

Zahlreiche Einteilungsversuche wurden bisher unternommen, die aber alle wegen des graduellen Übergangs von einem Magmatit zum andern nicht die Realität widerspiegeln. Das beste Schema ist immer noch dasjenige, das sowohl im Gelände als auch im Labor leicht handhabbar ist und das Gewicht auf die Beziehung zwischen ähnlichen Gesteinstypen legt. Nützlich ist ein System, das die Mineralzusammensetzung des Gesteins mit seinen Struktureigenschaften verbindet. Finden Sie etwa ein Gestein mit ca. 30 Prozent Biotit, 40 Prozent Plagioklas, 20 Prozent Alkalifeldspat und 10 Prozent Quarz und weist es Grobkörnigkeit auf, so liegen Sie mit »Granodiorit« sicher richtig. In dem Diagramm sind nur die bedeutenderen Gesteinsfamilien der Magmatite berücksichtigt.

Dieses Diagramm stellt den Zusammenhang zwischen einem Gestein, seiner Körnigkeit und seinem prozentualen Mineralbestand her. So findet man für den feinkörnigen Trachyt (unten rechts) sehr schnell als Mineralbestand: wenig Quarz (1 %), 70 % Alkalifeldspat und der Rest Dunkelminerale (Mafite). Begriffe in eckigen Klammern sind entweder selten oder nicht Gegenstand dieses Buches.

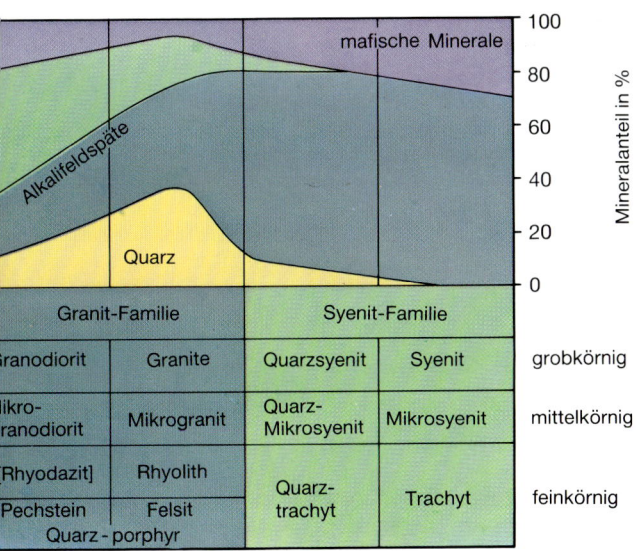

25

Sedimentite

Nur 5 Prozent der Erdkruste machen die sedimentären Gesteine aus, aber 75 Prozent aller Oberflächengesteine sind desselben Typs. Da sie die Träger unserer wichtigsten Energiestoffe wie Kohle, Erdöl und Erdgas sind, haben sie auch enorme wirtschaftliche Bedeutung. Ihre Genese interessiert schon deshalb, weil nicht zuletzt viele der Ablagerungsprozesse, die zu ihrer Bildung führen, auch in unseren Tagen beobachtet werden können. In dem Diagramm ist ein einfacher Kreislauf der Gesteine gezeigt, in dem die Vorgänge der Sedimentation eine gewichtige Rolle spielen.

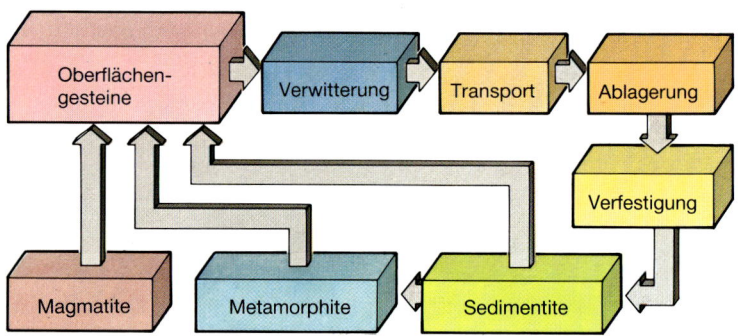

Der Kreislauf der Gesteine unter besonderer Berücksichtigung der sedimentären Vorgänge.

Verwitterung

Die Erdoberfläche unterliegt einer ständigen physikalisch-chemischen Verwitterung. Während die chemische Verwitterung in Gestalt von sauren und basischen Lösungen die Minerale zersetzt, wird durch Frostsprengung, Temperaturschwankungen und Wurzelwerk das Gestein mechanisch mürbe gemacht. So kann im feuchthumiden Klimabereich das Regenwasser in Risse und Spalten eindringen und im Gestein den chemischen Lösungsprozeß in Gang setzen. Bei Frost gefriert es und sprengt mit gewaltigen Druck das Gestein. Große Geröll- und Blockhalden am Fuß von Felswänden zeugen von dieser Kraft. In Wüstengebieten spielt dagegen der extreme Temperaturwechsel von Tag und Nacht eine entscheidende Rolle: bei Tage Ausdehnung, nachts Zusammenziehen des Gesteins.

In Bergwerken kann es hin und wieder durch den Gebirgsdruck zum explosionsartigen Einsturz der Stollenwände kommen. Ein ganz ähnliches Phänomen, nur umgekehrt, beobachtet man bei Gesteinen, die tief in der Erdkruste kristallisierten, also bei Plutoniten. Liegen sie durch Erosion des Deckgebirges entblößt an der Oberfläche, fehlt gewissermaßen der Druck »von außen«. Dann entwickeln sich im Gestein oberflächenparallele *Entlastungsklüfte*, an denen das Gestein wie Zwiebelschalen abplatzt.

Wechselndes Frieren und Auftauen von Gesteinsfeuchtigkeit zermürbt das Gestein. Die Bruchstücke sammeln sich in Schuttkegeln von 25° bis 35° Gefälle. Verfestigter Schutt bildet Breccien.

Transport und Ablagerung

Mit der Verwitterung geht der Abtransport der Verwitterungsprodukte einher. Sie werden teils in Lösung, teils in verschieden großen Bruchstücken verfrachtet. Die schweren davon kennzeichnet ein sprungweiser Transport, die *Saltation*, während die leichteren Flußgeschiebe in *Suspension*, also schwebend, flußabwärts wandern. Im Voralpenland sind die Flüsse während der Schneeschmelze durch ihre Suspensionsfracht stets trübe. Als »Blutregen« sind weite Sandverfrachtungen aus der Sahara in Europa bekannt geworden; hochreichende Passatwinde sind für diesen ungewöhnlichen Sedimentationsprozeß verantwortlich. Auch der Windtransport kennt die Saltation und die Suspension sedimentärer Partikel. Die Ablagerung, die *Sedimentation*, teilt sich in drei Teilvorgänge auf:

Klastische Sedimentation. Gesteinsbruchstücke setzen sich am Grund ab, sobald die Transportgeschwindigkeit von Wasser oder Wind entsprechend sinkt; Partikelgröße und Geschwindigkeit hängen eng zusammen. Es kann dabei zu *gradierter Schichtung* kommen, wie bei den Grauwacken, → S. 127, wo die Körner der Größe nach, die größten zuunterst, absinken. Dies ist bei verfalteten oder verkippten Schichten ein Unten/Oben-Merkmal der einstigen Sedimentation.

Chemische Ausfällung. Die Minerale Calcit und Dolomit können sowohl aus Lösungen im Gestein als auch direkt aus gesättigtem Meerwasser ausgefällt werden (→ S. 134 Mikrit und S. 142 Evaporite). Die Kalkkrusten im Wasserkessel, in dem hartes Wasser erhitzt wird, sind ein alltägliches Beispiel chemischer Ausfällung. Ganz ähnlich erfolgt die Ausfällung aus dem Meerwasser: Besonders in südlichen Gewässern (z.B. Persischer Golf) mit ihren hohen Wassertemperaturen kommt es im flachen Küstenbereich zu einer verstärkten Ausfällung verschiedener gelöster Ionen.

Biogene Ausfällung. Alle hartschaligen Meeresbewohner wie Muscheln oder Schnecken beziehen ihr Schalenbaumaterial entweder direkt aus dem Meerwasser oder über den Nahrungsweg. Nach dem Ableben sinken ihre Überreste auf den Seeboden und werden Teil der Sedimente. Korallen und andere Lebewesen bauen große Kolonien aus Kalkgehäusen, die trotz anhaltender Sedimentation über lange Zeiträume intakt bleiben.

Viele Sedimentite entstanden aus allen drei Ablagerungsarten.

Sedimentverfestigung

Die Verfestigung der Sedimente zu Sedimentiten, die *Lithifikation*, zerfällt in mehrere Teilprozesse. Die *Diagenese* umfaßt alle Veränderungen, die erdoberflächennah im Sediment bei niedrigen Temperaturen ablaufen. Das Sediment wird allmählich immer mehr durch neues Material der Erosion überdeckt und abgesenkt. Dadurch wird das Porenwasser ausgedrückt, das Sediment wird dichter. Diese Verdichtung fügt sogar plattige und längliche mit runden Geröllen zusammen und verbackt sie miteinander.

Durch die Ausfällung im Grundwasser gelöster Ionen (Calcium, Silizium) erfolgt in den Zwischenräumen eine *Zementation*, eine Verkittung der Körner. Verschließt der Zement die Poren nicht ganz, kann das Grundwasser das Sedimentgestein noch durchströmen. Man spricht dann von *durchlässigem* Gestein oder einem *Aquifer*.

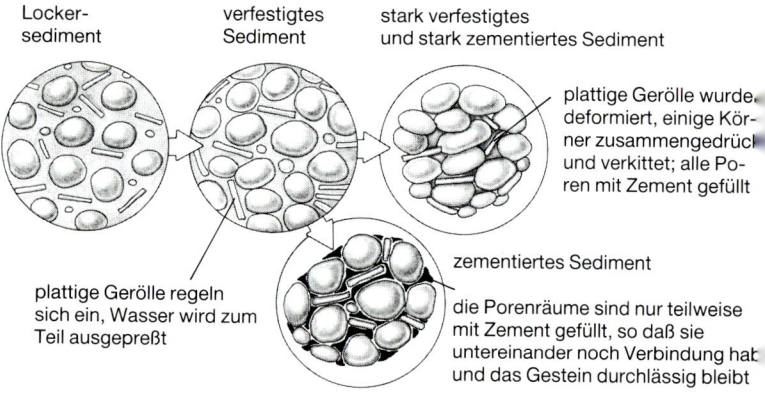

Locker-
sediment

verfestigtes
Sediment

stark verfestigtes
und stark zementiertes Sediment

plattige Gerölle wurde
deformiert, einige Kör-
ner zusammengedrück
und verkittet; alle Po-
ren mit Zement gefüllt

plattige Gerölle regeln
sich ein, Wasser wird zum
Teil ausgepreßt

zementiertes Sediment

die Porenräume sind nur teilweise
mit Zement gefüllt, so daß sie
untereinander noch Verbindung hab
und das Gestein durchlässig bleibt

Zunehmende Verdichtung und Verkittung eines Sediments. Zementiert ein Sediment in einer frühen Phase, kann der Zement einer weiteren Verdichtung (durch Absenkung) entgegenwirken.

Ein Kliff aus weichem Tongestein. Findet man Fossilien, sind sie oft pyritisiert, weswegen sie der Zerstörung durch Auswaschung entgehen. Auf solche Klippen sollte besser nichts gebaut werden, da sie unvermutet schnell einstürzen können.

Einteilung der Sedimentite

Viele Gesteine erhielten nach dem Ort ihrer Entdeckung und Erforschung lokale Eigennamen – beispielsweise Solnhofener Plattenkalk oder Mansfelder Kupferschiefer. Auch Fossilinhalt (Crinoidenkalk), Farbe (Schwarzschiefer), Struktur (Augengneis), Textur (Kugeldiorit) oder Verwendungszweck (Lithographenkalk) waren namengebend. In diesem Abschnitt versuchen wir, die Sedimentite auf der Grundlage zweier Hauptgruppen, wie sie heute akzeptiert sind, zu handhaben. Wir unterscheiden die *klastischen* Gesteine, die sich aus den Gesteinsbruchstücken anderer Gesteine zusammensetzen, von den *nichtklastischen*, die der chemischen und biogenen Ausfällung entstammen.

Die klastischen Gesteine teilt man nach der Korngröße in drei Gruppen ein: in die *Tongesteine*, die *Sandsteine* und die *Konglomerate*. Weitere Unterschiede ergeben sich aus Struktur und Zusammensetzung. Die nichtklastischen Sedimentite unterteilt man nach ihrer chemischen Zusammensetzung sowie nach ihrer Entstehung.

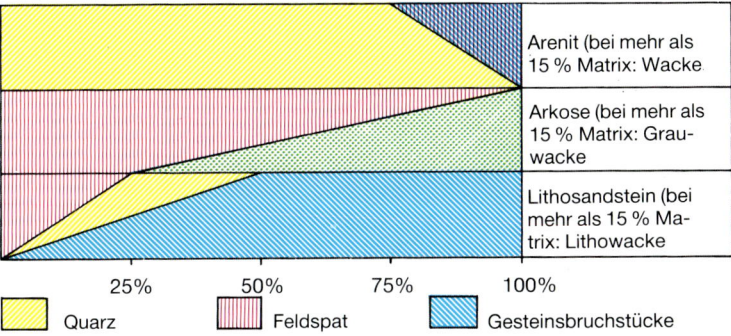

Arenit (bei mehr als 15 % Matrix: Wacke

Arkose (bei mehr als 15 % Matrix: Grauwacke

Lithosandstein (bei mehr als 15 % Matrix: Lithowacke

25% 50% 75% 100%

Quarz   Feldspat   Gesteinsbruchstücke

Unterteilung für die Sandsteine mit Korngrößen zwischen 0,02 und 2 mm. Überlappungsschraffuren verdeutlichen Mischungen.

Struktur und Strukturreife. Ein besonders wichtiger Kennwert bei klastischen Sedimentiten ist die *Korngröße*; auf sie stützen sich die meisten Klassifizierungsschemata. Mit Hilfe der Lupe sind Sie ferner in der Lage, den *Sortierungsgrad* der Körner abzuschätzen. Während des Sedimenttransports stoßen und reiben die Körner gegeneinander und werden mehr und mehr gerundet. Grobkörnige und kantige Partikel ergeben *Grit* oder *Splitt*.

Das Verhältnis der Körner zur Kornmatrix nennt man die *Textur*. Einige Texturen, die zur Klassifizierung herangezogen werden, sind in der nachfolgenden Abbildung dargestellt. In gegenseitiger Betrachtung von Textur und Kornform können Schlüsse über den Reifegrad der Struktur gezogen werden. Durch das Zusammenwirken von Verwitterung und den anderen Sedimentationsvorgängen reift ein Gestein allmählich mineralogisch heran; d.h. durch Abbau und Umwandlung verschiedener Minerale im Gestein bleiben nur die widerstandsfähigsten übrig, so daß am Ende ein an Mineralarten verarmtes Sediment (z.B. Quarzsand) entsteht. Dieses Sediment ist anfangs schlecht sortiert und die Komponenten sind kantig. Wird das Material über weite Wegstrecken verfrachtet, nehmen Sortierung und Rundungsgrad – somit die Strukturreife – zu. Versuchen Sie in Sandgruben oder einfach nur

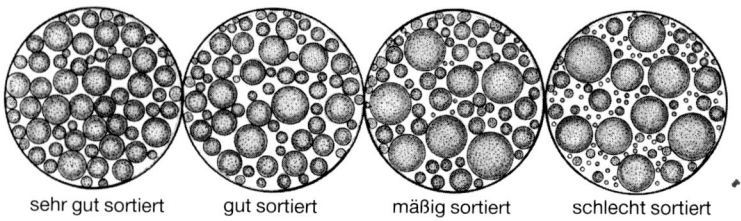

| sehr gut sortiert | gut sortiert | mäßig sortiert | schlecht sortiert |

Schätzhilfe für Sortierungsgrade *(oben)*.

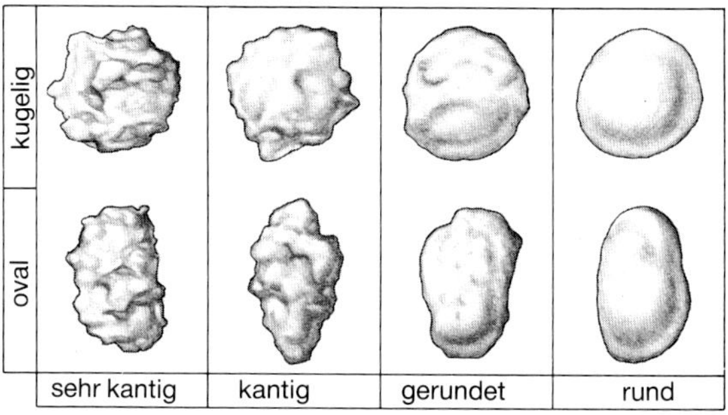

	sehr kantig	kantig	gerundet	rund
kugelig				
oval				

Der Rundungsgrad bei Sedimentkörnern zweier verschiedener Grundformen (rund, oval).

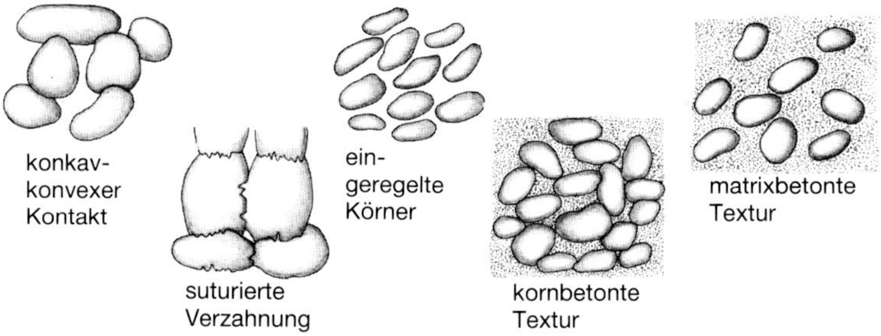

konkav-konvexer Kontakt

suturierte Verzahnung

ein-geregelte Körner

kornbetonte Textur

matrixbetonte Textur

Verschiedene Korntexturen als Abbild der Sedimentationsvorgänge und Verdichtungsgrade.

an Baustellensand den Reifegrad abzuschätzen.

Sedimentstrukturen

Während der Ablagerung werden Strukturen angelegt, die vom Verhalten der einzelnen Körner und deren Transportbedingungen abhängen.
Schichtflächen. Sie repräsentieren eigentlich Materialgrenzen. In Schiefertonen (→ S. 118) entsteht dort, wo plattige Minerale wie die Glimmer sich horizontal anreichern, eine Schichtgrenze. Oft ist sie gar nicht direkt

bestimmbar, sondern nur am Farbwechsel und/oder an der Zusammensetzung nachzuweisen.

Kreuzschichtung. Auch als Schrägschichtung bezeichnet, rührt sie von der Strömungsrippelbewegung in bewegtem Wasser her, wenn die Sandkörner die flache Luv-Seite hinauf und die steile Lee-Seite hinabrollen. Im Rippeltal herrschen rückläufige Wirbel vor. Rippelwanderung kann man leicht beobachten, wenn die Wellen am Strand sich gegenseitig überlappen. Gräbt man eine Vertiefung in den Sand, stößt man meist auf Kreuzschichtung, die oftmals wegen der wechselnden Strand- und Prielströmung symmetrische Rippelmuster aufweist. Rippeln, die sich im Flußmilieu bilden, sind meist asymmetrisch und geben mit ihrer steilen Lee-Seite die (ehemalige) Fließrichtung an.

Die Kreuzschichtung nimmt verschiedene Formen an. *Tafelige Schrägschichtung* entsteht durch die Bewegung von ziemlich geraden Rippeln, während *schaufelförmige Schrägschichtung* von sichelförmigen, schaufelartigen Rippeln herrührt. Schrägschichtung verrät gleichfalls das Oben und Unten eines Sedimentgesteins, da die Rippelwanderung stets die Kämme der darunterliegenden Rippeln erodiert. Sedimentiert Schlamm abwechselnd mit Rippeln, treten häufig *Watten, Linsenschichtung* und *Flaserschichtung* auf.

In großen Sanddünen ist natürlich der Wind für die verschiedenen Formen von Kreuz- und Schrägschichtung verantwortlich.

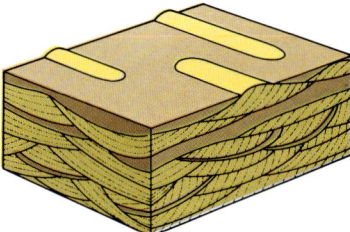

Flaserschichtung als Sortierung von Sand und Silt.

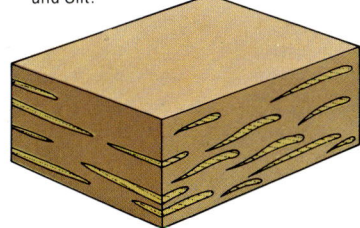

Linsenbildung durch wandernde Rippeln.

Wechsellagerung von geschichtetem Sandstein und tonreichen Lagen. Hier ließe sich Streichen und Fallen am besten auf einer Sandsteinschicht ermitteln.

Sedimentite

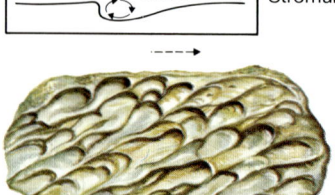 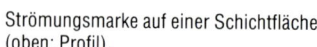

Strömungsrichtung

Strömungsmarke auf einer Schichtfläche (oben: Profil).

Schrumpfungsrisse in trockenem Ton.

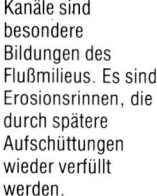

Kanäle sind besondere Bildungen des Flußmilieus. Es sind Erosionsrinnen, die durch spätere Aufschüttungen wieder verfüllt werden.

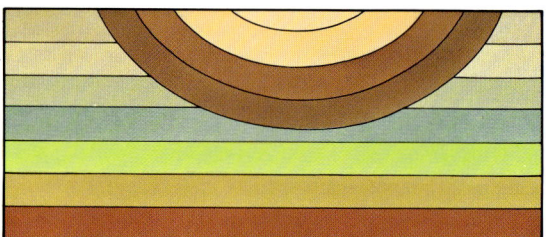

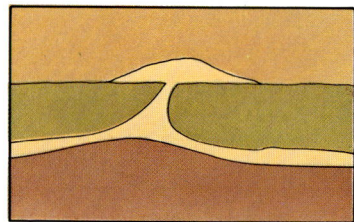 

Beim Absenkungsvorgang bleiben tonreiche Partien mobil. So entstehen Belastungsmarken oder Flammen *(rechts)* oder kleine Schlammvulkane *(links)*.

Strömungsmarken ähneln Fersenabdrücken, wobei die Rundung stromaufwärts zeigt und die offene Seite stromabwärts fließend in die Sedimentoberfläche übergeht. Das oberste Profil zeigt die Erosionswirkung sandbeladener, rotierender Wirbel im Feinsediment; die Auskolkung verfüllt sich mit gröberer Fracht. In *Turbiditen* (→ S. 37) sind Strömungsmarken sehr häufig.

Schleifmarken entstehen durch mitgeführtes Treibgut wie Holz, Knochen, Muschelschalen etc. und verlaufen etwa in Richtung der Strömung. Bei starker Strömungsgeschwindigkeit tritt *hüpfender* Transport ein und hinterläßt *Springmarken* oder *Stoßmarken*.

Gräben und Strömungsrinnen sind Erosionsgebilde. Erstere können den Meterbereich übersteigen, während letztere kleiner sind und auf Schichtflächen oder an deren Basis auftreten. Kurzlebige Erosionsströmungen verursachen ovale bis längliche Hohlformen in der Schichtfläche; sie werden später verfüllt. Langfristig wirksame Strömungen erzeugen Gräben und Kanäle mit höherer Seitenstabilität und größer dimensionierten Formen.

Schrumpfungsrisse kommen in vielen feinkörnigen Sedimentiten vor; ausgetrocknete Pfützen und Weiher zeigen das gleiche Muster. Die Risse sind zu Vielecken angeordnet. Wenn sie von Sediment verfüllt werden, bleiben die Schrumpfungsrisse erhalten.

Fossile Regentropfeneindrücke sind oft mit Schrumpfungsrissen vergesellschaftet. Die Tropfen hinterlassen kleine geränderte Krater durch den Aufprall in weiches Sediment.

Fossile Lebensspuren sind erhaltene Fußabdrücke, Fährten, Trampelpfade und Behausungen. Verästelte Erdtunnel, wurmartige Weidespuren oder Fußabdrücke von Wirbeltieren, wie die Fährten von *Chirotherium*, einem Reptil, im Buntsandstein. Durch die wühlende Tätigkeit von Organismen (*Bioturbation*) können das Sediment, seine Struktur und selbst einzelne Körner zerstört sein.

Belastungsmarken sind die Folge des Einsinkens von Sandschichten auf feinen Schlamm. Der schwerere Sand neigt dazu, den wasserhaltigen und daher leichteren Schlamm dellenartig einzudrücken. Bei sehr hohem Wassergehalt entstehen *Flammenstrukturen* und sogar *Schlammvulkane*.

Diskordanzen

Unterbrechungen in der altersmäßigen Abfolge sedimentärer Gesteine, sei es durch eine Erosionsphase und/oder durch ein Ausbleiben jeglicher Ablagerungen, nennt man *Diskordanzen*. Sind die unterlagernden Gesteine gefaltet oder verstellt, so herrscht diesseits und jenseits der Diskordanz unterschiedliches Fallen; man spricht dann von einer *Winkeldiskordanz*.

Karstoberflächen sind Diskordanzen aufgrund der Kalksteinlösung durch Niederschlagswasser. Die Oberfläche wird zerfurcht, Karren, Dolinen und Poljen bestimmen das Relief. Fossiler Karst (*Paläokarst)* findet sich im Steinernen Meer (Nationalpark Königssee), auf dem Gottesackerplateau (Allgäu) oder auch im begrabenen Malm der Süddeutschen Molasse.

Ehemalige Gesteinsoberflächen, die später von Sedimenten überlagert wurden, nennt man Diskordanzen. Herrscht im begrabenen Gestein ein anderes Fallen als darüber (Bild), spricht man von einer Winkeldiskordanz.

Das sedimentäre Milieu

Die Abfolgen sedimentärer Gesteine, zusammen mit den ihnen eigenen Strukturen hängen eng mit dem Milieu, in dem sie entstanden sind, zusammen. Diese Abfolgen nennen wir die *Fazies*. Faziesgesteine umfassen Gesteinsserien, die sich in bestimmten Merkmalen von anderen Serien unterscheiden. Sie können nach der Art und Weise, wie sie zur Ablagerung gelangten, beschrieben werden, etwa die Fazies eines Flußdeltas; oder nach dem Milieu, etwa die Strandfazies; oder nach dem Sediment selbst, etwa die Schrägschichtungsfazies. Die Fazies beinhaltet alle Merkmale einer Gesteinsserie einschließlich ihrer Sedimente und Fossilien. Faziesgesteine können auf sehr kleine Bereiche beschränkt sein, sie können aber auch Hunderte von Quadratkilometer Gestein umfassen, wie z.b. der Eisensandstein des Braunen Jura. Die regionale Verteilung von Faziesgesteinen ist sehr hilfreich bei der Rekonstruktion paläogeographischer Ablagerungsräume.

Der vertikale Wechsel von Fazies zu Fazies kann allein auf Sedimentationsvorgängen beruhen, etwa die Sedimentationsunterschiede zwischen Ursprung, Mittellauf und Mündung eines Flusses, oder Meeresspiegelschwankungen.

Letztere gewannen besonders während der letzten Eiszeiten an Bedeutung, als große Wassermassen im Gletschereis gebunden waren und dann wieder abschmolzen. So lagen viele Schelfgebiete der Erde trocken, als die letzte Vereisung ihren Höhepunkt erreicht hatte – die Meereshöhe lag ca. 100 m tiefer als heute. *Eustatische Meeresspiegelschwankungen* nennt man diese weltweit wirksamen Unregelmäßigkeiten. Nach dem Abschmelzen kann es lokal oder regional zu isostatischen Ausgleichsbewegungen kontinentaler oder ozeanischer Krustenteile kommen. Durch das Eisgewicht sanken diese Krustenteile ein, um nach der Entlastung, wie am Beispiel Skandinaviens ersichtlich, langsam wieder aufzusteigen. Auch durch Bewegungen aufgrund von Sedimentverfestigungen oder *Faltungen* ($\rightarrow$ S. 41) können Meeresspiegelschwankungen ausgelöst werden.

Sedimentation von Sanden

Die im folgenden erörterten Environments beschränken sich nicht unbedingt nur auf Sande – obgleich in jungen Ablagerungen Sand und Silt die vorherrschenden Sedimente darstellen. Genaugenommen handelt es sich um das *klastische Milieu*.

Die Wüsten. Sie finden sich vorwiegend im Bereich der Subtropen. Sowohl heutige wie fossile Vorkommen bestehen aus windverfrachteten (*äolischen*) Sanden; in der Regel dominiert Kreuzschichtung im großen Maßstab. Wir kennen eine Anzahl Dünenarten wie die langgestreckten *Strichdünen* oder die sichelförmigen *Barchane*. Auch die Niederschläge spielen in der Wüste eine gewichtige Rolle und hinterlassen in Form von *Wadis* und *Schuttfächern* ihre deutlichen Spuren. Die Schuttfächer sind die Folge verheerender Sturzregen im Gebirge; die zu Tal schießenden Wassermassen laden ihre grobe Fracht am Gebirgsfuß, ihr Feinkorn dagegen im flachen Vorland als *Playa (Salztonebene)* ab. Der dabei entstehende Flachsee versickert und

Eine sichelförmige Barchan-Düne in Tunesien. Sie wandert ständig in Richtung der beiden windabgewandten Sichelspitzen. Im Düneninnern finden wir immer Kreuzschichtung vor.

verdunstet alsbald. Wüstensandsteine, oft Quarzarenite ($\rightarrow$ S. 124), weisen rote Eisen- bzw. schwarze Mangankrusten (*Wüstenlack*) auf.

Der Flußlauf. Ein mannigfaltiger Formenschatz prägt dieses komplexe Ablagerungsmilieu. Die Sedimente lagern sich in Schwemmfächern, verzweigten und verschlungenen Rinnensystemen und mäandrierenden Kanälen und Altwässern ab. Alle Korngrößen vom gröbsten Konglomerat ($\rightarrow$ S. 128) bis zum Ton sind zugegen. Das vereinfachte Blockbild gibt einen

Schuttfächer

Playa

Mäandergürtel

Fluß

Einige Sedimentmilieus, ihre Beziehung zueinander und ihre Sedimentstrukturen.

Einblick in dieses verzahnte Environment.

Das Delta. Bei der Einmündung in einen See oder ins Meer verbreitert sich der Fluß oft zu einem *Delta*. Die Strömungsgeschwindigkeit sinkt rapide ab, so daß die Sedimentfracht niedersinkt; das Feinmaterial wird am weitesten hinausgetragen. Tonminerale *flocken aus*, indem sie sich zu größeren Agglomeraten zusammenballen. Seedeltas ähneln denen an der Meeresküste, sind im allgemeinen aber kleiner. Den klassischen dreieckigen Deltatyp verkörpert das Nildelta; der Mississippi verzweigt in ein sogenanntes Vogelfußdelta. Im Prinzip baut sich jedes Delta nach einem dreiteiligen Strukturplan auf:

1   Zuunterst und weit hinausgeschoben liegen die *Bottomset beds*, die aus geschichteten Feinsedimenten bestehen; darüber liegen

2 die *Forset beds*, welche die seewärtigen Vorschüttungen bilden; zuoberst liegen

3 die Decksedimente, die *Topset beds* – es sind grobkörnige Sande, die am weitesten flußaufwärts reichen.

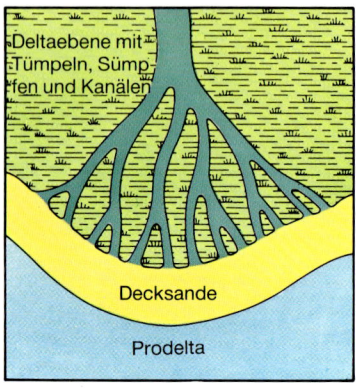
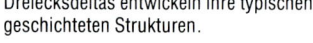
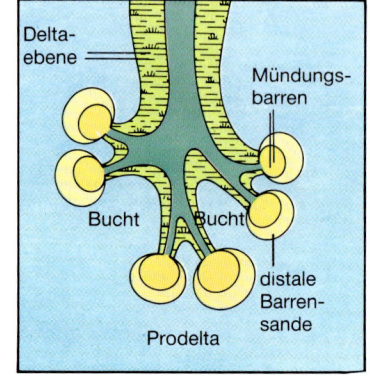

Dreiecksdeltas entwickeln ihre typischen geschichteten Strukturen.

Vogelfußdeltas lagern längliche Sanddepots ab, die sich mit älteren Bildungen überlappen.

Strand und Strandlinien. Auch dieser Sedimentationsbereich zeigt eine Fülle verschiedener Fazies, die wir in der Natur gut beobachten können. Strände sind weitläufig ausgeglichene Sand- oder Geröllstreifen; sie stellen die *Strandlinie* dar. Dem Strand seewärts vorgelagerte Sandbänke werden von einem *Haff* vom Land getrennt. Manche Sandbänke laufen im Meer in einer landeinwärts gekrümmten Spitze, einem *Strandhaken*, aus; er ist das Werk schräg zur Küsten verlaufender Strömungen. Die südliche Ostseeküste ist reich an solchen Strandformen: Strandhaken der Halbinsel Hela, die Kurische Nehrung, das Frische Haff.

Kontinentalränder und Tiefseebecken. Hier herrschen Sedimente vor, die durch Rutsch- und Suspensionsvorgänge am Kontinentalabhang entstehen.

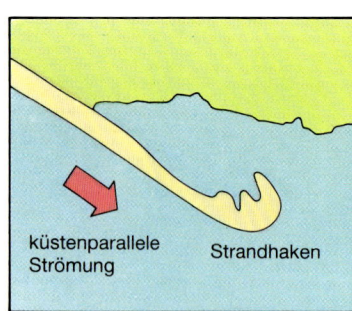
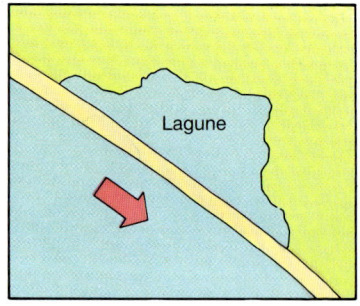

Strömungen schräg zum Strand lassen Sandbänken Strandhaken anwachsen.

Eine Sandbank kann sich zu einer abschnürenden Nehrung weiterentwickeln.

Rutschungen bewegen verschieden große Sedimentmassen und bewirken oftmals Rutschungsfalten und Breccienbildung (→ S. 128). Beim Rutschvorgang selbst werden große Massen feiner Sedimente aufgewirbelt, die als *Trübestrom* hinabstürzen und als *Turbidit* abgelagert werden; gradierte Schichtung sowie Strömungs- und Schleifmarken sind typische Strukturen.

Sedimentation von Karbonaten
Viele der klastischen Milieus, in denen Sande sedimentieren, weisen auch Kalksteine auf – wenn auch in unterschiedlicher Ausprägung.

Terrestrische Karbonatsedimente. Kalkgesteine sind gegenüber dem Niederschlagswasser sehr unbeständig. Bei der Bodenbildung auf karbonatischen Gesteinen, etwa auf Löß, treten Kalkkonkretionen auf, die als *Lößkindl* bekannt sind. *Caliche* sind Kalkkrusten in ariden Böden.

Karstwässer und heiße Quellen enthalten gelösten Kalk und scheiden ihn in Höhlen oder an der Erdoberfläche als Calciumkarbonat in Gestalt von Tropfsteinen und Sinterbildungen aus. *Travertin* ist Kalksinter aus Thermalquellen; in Mittelitalien wird er als geschätzter Baustein gebrochen.

In Süßwasserseen wird *limnischer* Kalk ausgefällt. Er ähnelt dem marinen Kalksteine wie Algenstromatolithe (→ S. 149) oder Ooidkalke. Ein charakteristisches Merkmal vieler Süßwasserkalke sind die *Warven* als Folge jahreszeitlich bedingter Ausfällungsschwankungen.

Watten. Flache Küstensäume, die mittlerem bis hohem Tidenhub ausgesetzt sind, und die bei Flut unter Wasser fallen, entwickeln *Watten*. Kalkausscheidungen sind meist *Mikrit* (→ S. 134) und weisen ein durch Bioturbation gestörtes Gefüge auf. Schrumpfungsrisse, Regentropfeneindrücke und andere Sedimentstrukturen sind häufig. Aride Watten, in denen Evaporite (→ S. 142 ausfallen, heißen *Sebkhas*; äquivalente Formen sind auch im Inland bekannt. *Marschen* oder Bereiche sehr geringer Überflutung gehören ebenfalls in diese Kategorie.

Lagunen und abgeschnürte Buchten. Es sind durch absperrende Elemente wie Sandbänke, Untiefen und Schwellen vom offenen Meer isolierte Becken. Grünalgen sind hier häufig und die Sedimente besitzen einen sehr hohen Anteil an Kotpellets. Die Solnhofener Plattenkalke als Fundstelle des berühmten Archäopteryx sind solche Lagunenkalke.

Diese Sebkha, ein im binnenländischen Schott Djerid entstandenes Evaporitsediment, zeigt geschichtete Gipslagen.

Schelfbereich. Eine Reihe verschiedener Environments wie Lagunen und Sandbänke sind hier beheimatet. Die unterschiedlichen Fazies bilden jedoch eine Anzahl Faziesgruppen, wie sie heute auf den Bahamas oder im Arabischen Golf beobachtet werden können. Schelfe, auf denen zwischen breiten Fazieszonen Abtragungskräfte dominieren (Arabischer Golf), verraten sich in Gestalt sanft abdachender Rampen. Die steil abfallenden Schelfe (Bahamas) haben eher klar abgegrenzte, lineare Faziesgürtel parallel zum Schelfrand; letzterer taucht steil in das Tiefseebecken ab. Fällt ein Absinken des Meeresspiegels mit einer Verdichtung und Senkung der Schelfsedimente zusammen, können dadurch wiederholt regelrechte *Aufwärtsversandungen* auftreten. So ein Zyklus besteht aus Mikrit des tieferen Wasserbereichs mit aufliegenden Sandbänken, Wattensedimenten und Marschevaporiten obenauf. Diese Zyklen sind oft lückenhaft.

Sandbänke. Dies sind im Flachwasser vorkommende, oft karbonatische Sandablagerungen. Sie entwickeln sich durch die aufwühlende Einwirkung der Wellen auf den Meeresboden und enthalten Schalenbruchstücke und Ooide mit sehr wenig Mikrit wegen der zerstreuenden Wirkung der Wellen. Häufig findet man Kreuzschichtung und Rippelmarken vor.

Riffe und Kalksteinbauten. Es handelt sich stets um biogene Strukturen, die knapp unterhalb des Wasserspiegels bewohnt sind und bei Ebbe aus diesem herausragen können. Fossile Riffkalke sind porös und sind oftmals Speichergestein für Öl- und Gasvorkommen. Viele Riffe, besonders die des Schelfbereichs, weisen drei Zonen auf:

Das *Back-reef* (»Rück-Riff«) nimmt auf der seeabgewandten Seite einen Teil des Riffschutts auf und geht uferwärts in die feinkörnigen Lagunensedimente über.

Die *Riffplatte* liegt etwa 1 bis 2 m unter Wasser und erfährt einen steten Materialzuwachs aus der bauenden Tätigkeit der Korallen. Die seewärtige Seite des Riffrandes ist von einer Anzahl Tunnel und Kanäle – man spricht von einer »Verästelungs- und Rinnenmmorphologie« – durchzogen. Der Riffkörper selbst ist massig ohne jegliche Schichtung.

Das *Fore-reef* (»Vorriff«) bricht sehr steil, oft senkrecht, seeseitig ab und leitet über einen *Schutthang* in die See über.

Fossile Riffe sind nicht selten. In der Schwäbischen und Fränkischen Alb stehen sie als Riffstotzen an vielen Talhängen. Mächtig entwickelt ist die Steinplatte bei Lofer (Österreich). Manche Kalksteinbauten enthalten großteils Mikrit, der vermutlich das Ergebnis pflanzlicher Ausscheidungen ist; die Pflanzen selbst wurden nicht konserviert.

Sedimentation von Evaporiten
Evaporite fallen ausschließlich im ariden Klimabereich aus. Bekannte Gebiete der Gegenwart sind der Persische Golf, die texanische Küste und das Coorong-Gebiet in Australien. Die häufigsten Salze umfassen den Gips, Anhydrit, Steinsalz und Dolomit (→ S. 142 f). Die mächtigen Steinsalzlager des Zechsteins erforderten extreme Verdunstungsverhältnisse, wie sie wohl heute nirgens auf der Erde zu beobachten sind.

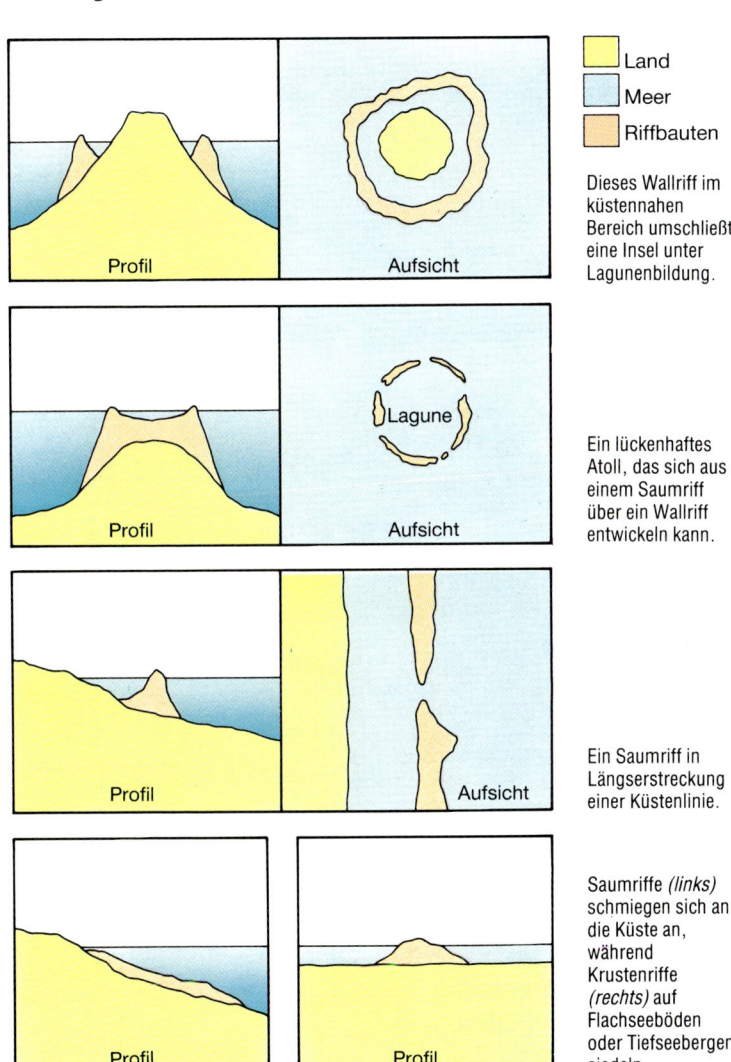

Land

Meer

Riffbauten

Dieses Wallriff im küstennahen Bereich umschließt eine Insel unter Lagunenbildung.

Ein lückenhaftes Atoll, das sich aus einem Saumriff über ein Wallriff entwickeln kann.

Ein Saumriff in Längserstreckung einer Küstenlinie.

Saumriffe *(links)* schmiegen sich an die Küste an, während Krustenriffe *(rechts)* auf Flachseeböden oder Tiefseebergen siedeln.

Falten- und Bruchtektonik

Faltung

Ein Wesensmerkmal der Sedimentgesteine ist ihre ursprüngliche horizontale Lagerung. In Gebieten aktiver Erdkrustenbewegungen werden sie jedoch gewaltigen Dehnungs- und Kompressionskräften unterworfen. Bei den in großen Versenkungstiefen gesteigerten Druck- und Temperaturbedingungen setzen intensive Faltungs- und Bruchprozesse ein.

Die nach oben aufgebeulten *Antiklinalen* enthalten im Faltenkern die älteren Schichten, während die trogförmigen *Synklinalen* im Kern die jüngeren Schichten aufweisen. Falten können auch überkippt sein; dann muß nach eindeutigen Oben/Unten-Kriterien im Sediment gesucht werden. Treppenartige Verbiegungen nennt man *Flexuren*. Obwohl Falten tief im Krusteninnern entstehen, werden sie im Lauf der Erdgeschichte durch Erosion des Deckgebirges freigelegt. Dann sind sie in unseren Breiten meist noch von der Boden- und Pflanzendecke verhüllt, so daß in Gebieten, wo diese Bedeckung fehlt (Hochgebirge, Wüste), die Einsichtnahme besser ist.

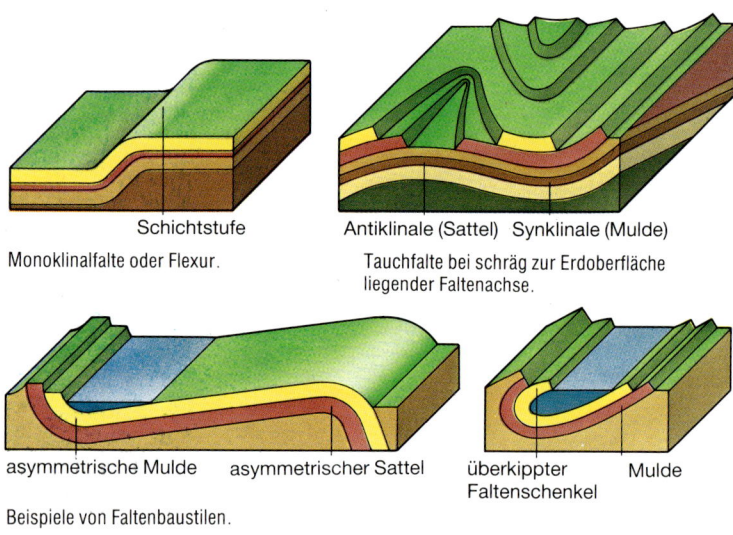

Schichtstufe

Monoklinalfalte oder Flexur.

Antiklinale (Sattel) Synklinale (Mulde)

Tauchfalte bei schräg zur Erdoberfläche liegender Faltenachse.

asymmetrische Mulde asymmetrischer Sattel

überkippter Faltenschenkel Mulde

Beispiele von Faltenbaustilen.

Klüfte

Klüfte sind Risse im Gestein, an denen keinerlei Relativbewegungen des Gestein stattfanden. Sie können mit Schichtfugen verwechselt werden, die aber oft an Farben, Sedimentstrukturen oder Ablagerungsrhythmen erkannt werden können. Verschiedene Klufttypen sind bekannt: *Entlastungsklüfte* entstehen infolge Druckentlastung des erodierten Deckgebirges. *Abkühlungsklüfte* sind bei magmatischen Gesteinen nicht selten (→ S. 108). Ferner enthält jede Falte Dehnungsklüfte, die zur Identifizierung verborgener Faltenstrukturen wertvolle Hinweise geben.

Verwerfungen

Bruchfugen, an denen relative Gesteinsverschiebungen stattfinden, heißen *Verwerfungen*. Sie entstehen bevorzugt dann, wenn die Versenkungstiefe nicht groß genug ist, Falten zu erzeugen; Druck und Temperatur sind dann zu niedrig, um die Gesteine genügend plastisch zu machen, weshalb sie leichter brechen. Verläuft eine Verwerfung etwa parallel zum Streichen, heißt sie *Längsverwerfung* – liegt sie parallel zum Fallen, ist es eine *Querverwerfung*.

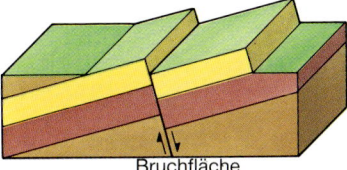

Bruchfläche

Abschiebung beim Einfallen der Bruchfläche in Richtung der abgesenkten Scholle.

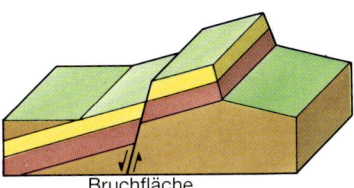

Bruchfläche

Unterschiedliches Schichteinfallen produziert bestimmte Ausbißflächen.

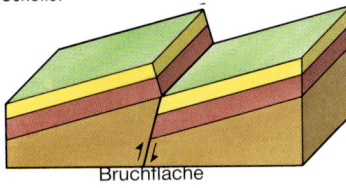

Bruchfläche

Aufschiebung beim Einfallen der Bruchfläche in Richtung des gehobenen Blocks.

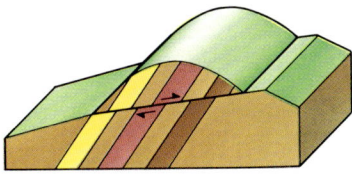

Eine weniger als 20° einfallende Aufschiebung wird Überschiebung genannt.

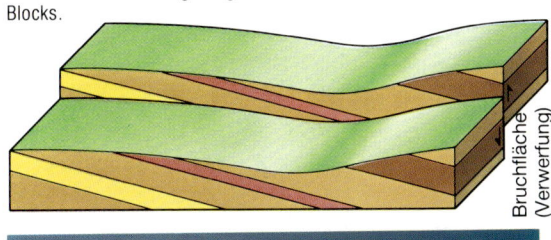

Bruchfläche (Verwerfung)

Eine Verwerfung, deren Bruchfläche parallel zum Schichteinfallen verläuft.

Eine Aufschiebung in Sedimentschichten (Tunesien). Die bankigen Gesteine oberhalb der Verwerfung sind ungestört, wurden also erst nach der Bruchbildung abgelagert.

41

Die Metamorphose und ihre Gesteine

In der Geologie bedeutet der Begriff *Metamorphose* die Umwandlung eines Gesteins unter stark erhöhten Druck- und Temperaturbedingungen, wobei die ursprüngliche Mineralzusammensetzung einer völlig andersartigen weicht. Die griechischen Wortstämme *Meta* und *morphé* sind gleichbedeutend mit um- und gestalten.

Ursachen für Metamorphose

Wie bereits erwähnt, herrschen bei der Metamorphose viel höhere Druck- und Temperaturverhältnisse als an der Erdoberfläche. Die ursprünglichen Minerale sind in dieser Umgebung nicht mehr stabil und reagieren chemisch miteinander so lange, bis sich ein neues, nun stabiles Gleichgewicht einstellt. Die Reaktionen finden dabei immer in der festen Phase statt – nie sind die Verhältnisse so extrem, daß eine Gesteinsschmelze eintritt. Manchmal ist die Metamorphose so schwach, daß sie schier unerkannt bleibt; dann wieder ist sie so stark, daß das Gestein vollständig rekristallisiert. Natürlich entstammen die Metamorphite sowohl magmatischen, sedimentären und metamorphen Gesteinen. So können Glimmerschiefer aus Granit, aber auch aus Tongesteinen, Sandsteinen oder tonigen Mergeln entstehen. Selbst wenn Mineralbestand und Struktur sich total verändert haben, lassen sich beispielsweise über den Chemismus Rückschlüsse auf die Art des Ausgangsgesteins ziehen.

Neben den erhöhten Drücken und Temperaturen beeinflussen noch eine Reihe weiterer Umstände die Metamorphose:
- Die Gesteine reagieren auf eine Erhöhung von Druck und Temperatur weit empfindlicher als auf eine Erniedrigung
- Zur Erreichung eines stabilen Gleichgewichts der neuen Mineralgesellschaften sind lange geologische Zeiträume vonnöten
- Wasser und andere »Lösungsmittel« erleichtern und beschleunigen die chemischen Umsetzungen
- Gesteine unter hohem Deformationsstreß wandeln sich viel leichter um

Die Metamorphose besteht eigentlich aus drei gleichzeitig ablaufenden, lange Zeit aktiven Prozessen. Gegenüber dem ursprünglichen Mineralbestand kann die Metamorphose völlig andere Minerale hervorbringen. Dabei kann es sein, daß die Umrisse der ursprünglichen Minerale noch sichtbar sind, die Minerale selbst aber von den Neusprossungen »aufgefressen« worden sind. Im allgemeinen entsteht aber durch die Neusprossungen und Deformationen ein neues Gefüge. Eine Umwälzung im chemischen Stoffbestand tritt nicht auf; die chemischen Verbindungen werden nur zu neuen Mineralen angeordnet. Wasser und Kohlendioxid allerdings werden als *fluide Phase* aufgenommen oder gegebenenfalls auch ausgeschieden und verschieben das chemische Gleichgewicht.

Arten der Metamorphose

Kontaktmetamorphose. Dringt eine magmatische Intrusion in das Nebengestein ein, so erleidet es in der unmittelbaren Umgebung des Magmenkontakts eine kräftige Temperaturerhöhung. Eine thermisch erzeugte Metamorphose mit Mineralneubildungen setzt ein. Die betroffene Zone nennt man die *Kontaktaureole*. Direkt am Kontakt wirkt sich die Metamorphose am stärksten aus und klingt mit zunehmender Entfernung vom Kontakt rasch aus; der *Metamorphosegrad* nimmt kontinuierlich bis zum unbeeinflußten Nebengestein ab. Die Metamorphite am Aureolenkontakt nennt man daher *hochgradig metamorph*, während die Randgesteine mit geringen Veränderungen als *niedrig metamorph* bezeichnet werden.

Da basische Intrusionen heißere Magmen als saure Intrusionen haben, liegt die Annahme nahe, daß sie größere Kontaktaureolen im Nebengestein entwickeln müßten. Das ist aber nicht der Fall. Saure Magmen sind in der Regel wasserreicher und injizieren ihre heißen Wasserdampflösungen in die zahlreichen Klüfte des Nebengesteins. Enthalten die Lösungen Metallionen, kommt es zur Imprägnierung der Klüfte mit Erz.

Regionalmetamorphose. Aktive Erdkrustenabschnitte, in denen Vulkanismus, Erdbeben, Faltungs- und Bruchvorgänge gegenwärtig sind, zeichnen sich zumeist auch durch anomal hohe Druck- und Temperaturgradienten aus. Sie sind bei gegebenen Umständen dafür verantwortlich, daß es zu großräumigen Metamorphosen regionalen Ausmaßes kommt; man spricht daher von der *Regionalmetamorphose*. Metamorphite dieses Typs bilden die alten Kerne der Kontinentalmassen, als diese noch zu den enorm instabilen, aktiven Erdkrustengebieten der Erdfrühzeit gehörten. Sie sind deshalb zu den ältesten Gesteinen (3,5 Milliarden Jahre), die wir kennen, zu rechnen.

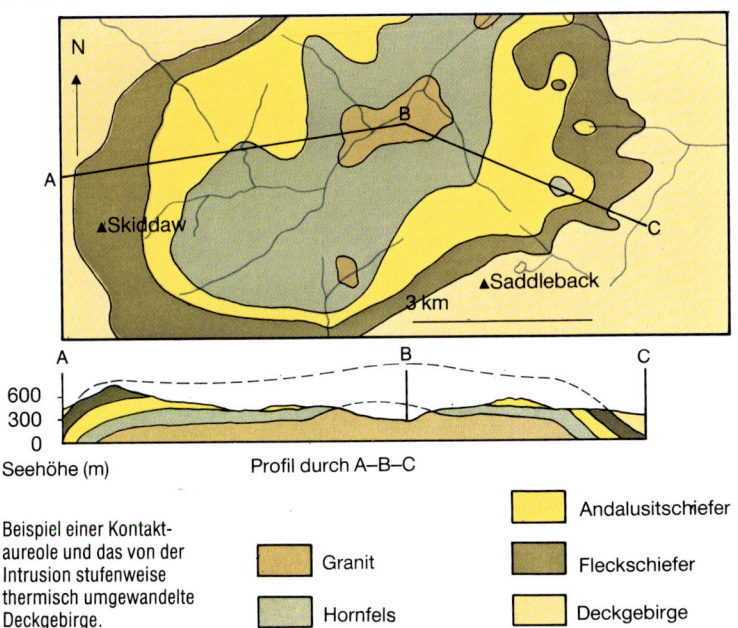

Beispiel einer Kontakt-
aureole und das von der
Intrusion stufenweise
thermisch umgewandelte
Deckgebirge.

Granit

Hornfels

Andalusitschiefer

Fleckschiefer

Deckgebirge

Profil durch A–B–C

Seehöhe (m)

Es gibt noch andere, weniger bedeutende Metamorphosearten, beispielsweise die Dislokations- oder die Versenkungsmetamorphose. Erinnern wir uns immer, daß nichts die Gesteine davor bewahrt, in geologischen Zeiträumen mehrmals metamorphisiert zu werden.

Der Mineralbestand der Metamorphite

Viele der Minerale in Metamorphiten finden wir auch in Magmatiten und Sedimentiten. Dazu gehören in erster Linie Quarz, Feldspäte und Muskovit; Biotit, Hornblenden, Pyroxene, Olivin und Eisenerze beschränken sich dagegen auf die magmatischen und metamorphen Gesteine. Tonminerale, Calcit und Dolomit treten gemeinsam in sedimentären und metamorphen Gesteinen auf.

Darüber hinaus kennen wir Minerale, die vornehmlich in den metamorphen Gesteinen vorkommen oder gar auf sie beschränkt sind. Das sind Granat, Andalusit, Disthen, Sillimanit, Staurolith, Cordierit, Epidot, Chlorit und besondere Hochdruckminerale (Lawsonit, Glaukophan). Von besonderem Interesse sind die chemisch gleichen Minerale Andalusit, Sillimanit und Disthen (Formel: Al_2SiO_5). Kristallographisch und physikalisch unterscheiden sie sich aber stark voneinander, insbesondere was ihre Empfindlichkeit gegenüber Druck- und Temperaturänderungen angeht. Deshalb tritt jeweils nur *eines* der Modifikationen in einem bestimmten metamorphen Gestein als *kritisches Mineral* auf, da die beiden anderen unter diesen Bedingungen stets instabil sind. So transformiert z.B. Andalusit ab einem bestimmten Druck zu Disthen. Diese Kristallgitteränderungen sind bei Druckabnahme jedoch reversibel.

Das Gefüge der Metamorphite

Die Metamorphite erkennen wir an ganz bestimmten Merkmalen sowohl im Handstück als auch im Dünnschliff. Sie haben kristallinen Charakter und bestehen aus individuellen, innig verwachsenen Kristallen mehrerer Mineralarten. Typische Vertreter der Kontaktmetamorphose sind niedrigtemperierte Fleckschiefer und hochtemperierte Hornfelse (→ S. 163). In der Regionalmetamorphose kennen wir niedriggradige Tonschiefer (→ S. 165) und mittel- bis hochgradig metamorphe Schiefer und Gneise (→ S. 169 und 171). Das gewichtigste Merkmal metamorpher Gesteine ist jedoch ihr *Gefüge*. In den meisten Fällen wird man das Gefüge zu Rate ziehen, um kontakt- und regionalmetamorphe Gesteine zu identifizieren.

Die regionalmetamorphen Gesteine sind gewöhnlich grobkörniger als die kontaktmetamorphen. Je höher der Metamorphosegrad, desto größer ist im allgemeinen die Kristallgröße. Die Kristalle feinkörniger Gesteine haben kleinere Durchmesser als 0,1 mm; mittelkörnige zwischen 0,1 und 5 mm; und grobkörnige Gesteine größere als 5 mm. Kontaktmetamorphe Hornfelse setzen sich aus unregelmäßig durchwachsenen Kristallen, die kein geregeltes Gefüge aufweisen, zusammen. Diese dichten, massigen und feinkörnigen Gesteine werden leicht mit ähnlich aussehenden Magmatiten oder Sedimentiten verwechselt, doch können die Lagerungsverhältnisse im Gelände eine Fehldeutung sicher ausschließen. Die durchwachsenen Kristalle der Hornfelse haben in allen Richtungen etwa die gleiche Dimension und die Kristallflächen berühren sich in der Regel in einem Winkel von 120°.

Die Minerale vieler regionalmetamorpher Gesteine zeigen fast immer einen gewissen Grad an *bevorzugter Ausrichtung*. Dies widerspiegelt die Tendenz der Kristalle, in bevorzugten Richtungen zu wachsen. Die erhöhten Druck- und Temperaturbedingungen der Regionalmetamorphose drängen die neuwachsenden Minerale, im rechten Winkel zur Richtung des größten gerichteten Drucks, des *Stresses*, zu wachsen, da so am wenigsten Energie aufgewendet werden muß. Dies betrifft nicht alle Minerale gleichermaßen – aber die blättrigen Glimmer (Biotit, Muskovit, Chlorit) und die stengeligen Amphibole (Hornblende, Aktinolith) verhalten sich stets so. Bei hohen Drücken richten sich sogar Quarz und Feldspat zu einem gewissen Grad aus. Die Minerale zeigen dann eine *Gefügeregelung* in Form einer sichtbaren Bänderung oder Schichtung. Blättrige Minerale wie die Glimmer orientieren sich lagenartig und verleihen dem Gestein ein *Schieferungsgefüge*. Die stengeligen Hornblenden oder faserigen Minerale regeln sich *axial* ein und weshalb dann von einem *stengeligen Gefüge* die Rede ist. Treten beide Mineralformen auf, kann das Gestein beide Gefügearten zeigen.

Schieferungsgefüge werden daneben auch in Zusammenhang mit der Korngröße des Gesteins beschrieben. Bei feinkörnigen Schiefertonen oder Tonschiefern liegt eine feine Klüftung vor, die nichts mit Schieferung zu tun hat und die als *Schiefrigkeit* bezeichnet wird (→ S. 166); *Schieferung* weisen mittelkörnige Metamorphite wie die kristallinen Schiefer auf (→ S. 169); und *Bänderung* ist den grobkörnigeren metamorphen Gesteinen wie den Gneisen (→ S. 171) eigen.

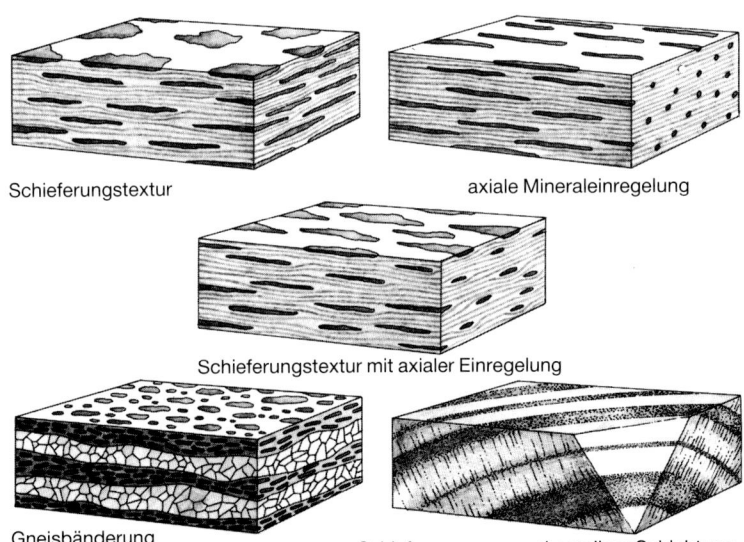

Schieferungstextur

axiale Mineraleinregelung

Schieferungstextur mit axialer Einregelung

Gneisbänderung

Schieferung quer zu ehemaliger Schichtung

Beispiele für eingeregelte Texturen, wie sie in regionalmetamorphen Gesteinen häufig sind. Sie entstehen durch bevorzugte Wachstumsrichtungen neugebildeter Minerale.

Stengelige Gefüge entwickeln sich bevorzugt in den hochmetamorphen Amphiboliten (→ S. 157). Schiefrige Metamorphite lassen sich parallel zur Schieferungsebene leicht spalten. Tonschiefer ist schwach metamorpher Schieferton und spaltet hervorragend aufgrund der Parallelität seiner Glimmerplättchen, die in der Regel quer zur ursprünglichen Schichtung verläuft. Bisweilen wird die primäre Schiefrigkeit von einer sekundären überlagert, die eine *Kleinfältelung* der ersten bewirkt. Regionalmetamorphe Gesteine sind, oft sehr komplex, in vielfachen Größenordnungen gefaltet. In niedrigmetamorphen Gesteinen kann man bisweilen noch die ursprünglichen Schichtstrukturen erkennen; meist verschwinden diese aber im Zuge der metamorphen Durchbewegung.

Die Bänderung hochmetamorpher Gesteine sollte nicht mit sedimentärer Bänderung oder Schichtung verwechselt werden. Nicht alle regionalmetamorphen Gesteine besitzen Schieferung oder Bänderung. Manche haben ein gleich-, mittel- oder grobkörniges Erscheinungsbild, während etwa die Marmore (→ S. 177) oder Quarzite (→ S. 173) ohnehin keinerlei Gefügemerkmale zeigen.

Struktur. Viele der Begriffe, metamorphe Gefügestrukturen zu beschreiben, enden mit -blast(isch), dem griechischen Wortstamm für wachsend, gewachsen. Granat beispielsweise entwickelt im kleinkörnigen Glimmerschiefer großgewachsene Kristalle, sogenannte *Porphyroblasten*; Diese Struktur – große Kristalle in feinkörniger Grundmasse – heißt *porphyroblastisch*. In Granatglimmerschiefern »umströmt« die eingeregelte Kristallgrundmasse die vor der Ausbildung der Schieferung gesproßten Granate. Andererseits gibt es Porphyroblasten, die erst nach der Schieferung wuchsen. Dann enthalten die Blasten oftmals Kristalleinschlüsse der Grundmasse; diese Blasten nennt man nunmehr *Poikiloblasten* und die Struktur analog *poikiloblastisch*. In bestimmten Gneisen, die saueren Magmatiten (z.B. Graniten) entstammen, können riesige Alkalifeldspat-Porphyroblasten heranwachsen. Diese grobkörnigen, gebänderten Gneise kennen wir unter dem Namen *Augengneis*.

Einteilung der Metamorphite

Die Schwerpunkte der Metamorphitklassifizierung liegen auf den Kriterien Gefüge und metamorphe Fazies. Alle Gesteine, die einen ganz bestimmten Mineralbestand enthalten, der nur in einem ganz bestimmten Druck-/Temperaturbereich existent ist, werden zu einer Mineralfazies oder *metamorphen Fazies* zusammengefaßt. Weiterhin unterscheidet man die Metamorphite, soweit identifizierbar, nach ihrem Ausgangsgestein. Viele Minerale tauchen in verschiedenen Fazies auf, so daß es üblich ist, die wichtigsten Minerale im Begriff voranzustellen: Biotit-Hornfels, Biotit-Plagioklas-Gneis, Granatglimmerschiefer oder Granatamphibolit.

Beim Quarzit ist es mangels kritischer Minerale oft sogar schwierig, ihn als kontakt- oder regionalmetamorphes Gestein zu bestimmen. Um zu einer verläßlichen Diagnose zu gelangen, muß auf benachbarte, am besten mit ihnen verzahnte Gesteine ausgewichen werden.

Ausgangsgestein	Metamorphite	Kurzcharakteristik
tonige Sedimente und Sedimentgesteine	Tonschiefer (niedriggradige Regionalmetamorphose)	sehr feinkörnig mit vollkommener Spaltbarkeit; Färbung meist dunkel
	Phyllit (noch niedriggradige Regionalmetamorphose)	feinkörnig mit Runzelschieferung; oft grünlich-grau
	Glimmerschiefer (mittelgradige Regionalmetamorphose)	mittel- bis grobkörnig; rauhe, oft runzelige Oberfläche parallel z. Schieferung
	Gneis (hochgradige Regionalmetamorphose)	mittel- bis grobkörnig; ausgeprägte Hell- und Dunkelbänder
Mischsedimente oder saure Magmatite	Gneis (hochgradige Regionalmetamorphose)	mittel- bis grobkörnig; Hell/Dunkel-Färbung durch Feldspat/Quarz- und Glimmerbänder
Sandsteine	Quarzit (Kontakt- und Regionalmetamorphose)	ineinander verzahnte Quarzkörner mit granoblastischer Struktur; weiß; manchmal Glimmer
karbonathaltige Sedimente	Marmor (Kontakt- und Regionalmetamorphose)	granoblastische verwachsene Calcit- oder Dolomitkristalle mit etwas Kalksilikatmineralen; meist helle Farben
basische Magmatite	Aktinolith- und Chloritschiefer (niedrig- bis mittelgradige Regionalmetamorphose)	grüne, stark geschieferte Gesteine mit gewellten Schieferungsflächen
	Amphibolit (mittel- bis hochgradige Reg.metamorphose)	mittel- bis grobkörnig, dunkel; oft geschiefert und gebändert; zumeist Hornblende u. Plagioklas
	Eklogit (hochgradige Regionalmetamorphose	mittel- bis grobkörnig; überwiegend aus rotem Granat und grünem Pyroxen bestehend
Verschiedene	Hornfels (Kontaktmetamorphose)	zumeist feinkörnig, dunkel; keinerlei Schieferung

Ein vereinfachtes Schema der wichtigsten Metamorphite und eine kurze Charakteristik jener Gesteine, aus denen sie sich ableiten.

Gesteins- und Mineralbestimmung

Die folgenden Schlüssel zu den Gesteinen (→ S. 49 bis 55) werden Ihnen dabei helfen, die Farbtafeln im großen Bestimmungsteil für eine rasche Identifizierung Ihrer Gesteinsproben effektiv zu nutzen. Der erste Schlüssel, der *Gesteinsschlüssel*, öffnet den Zugang zu den weiteren Schlüsseln der Magmatite, Sedimentite und Metamorphite. Diese Einteilung wurde auch im Tafelteil beibehalten. Dort finden Sie zu jeder Gesteinsabbildung eine detaillierte Gesteinsbeschreibung; oft sind auch die jeweiligen gesteinsbildenden Minerale zusammen mit einer kurzen Erläuterung mit aufgenommen.

Die Handstücke der Gesteine und Minerale zeigen die Proben im *frischen* Zustand. Bedenken Sie bitte, daß in einem Aufschluß die Gesteine oft durch Verwitterungskrusten beeinträchtigt sind. Je nach Gesteinsart dringt die Verwitterung von einigen Zentimetern bis zu vielen Metern tief ein und verleiht den Gesteinen ein von den Abbildungen abweichendes Aussehen. Zur korrekten Bestimmung ist es daher unvermeidlich, frische Probestücke zu bekommen – wobei aber sorgfältig darauf zu achten ist, daß der Aufschluß nicht unnötig stark zerstört wird.

Die gesteinsbildenden Minerale verleihen jedem Gestein eine bestimmte Farbtönung. Auch legen sie im wesentlichen die Struktur des Gesteins fest. An ihnen wird – je nach der Erkennbarkeit einzelner Kristalle – mit oder ohne Lupe die Korngröße bestimmt. In einigen wenigen Fällen werden auch Minerale feinkörnigen Gesteins gezeigt, obwohl sie nur mit Hilfe des Mikroskops zu erkennen sind. Auf diese Weise hoffen wir jedoch, einen besseren Blick für die Relationen zwischen diesen Gesteinen und ihrer grobkörnigeren Äquivalente zu vermitteln sowie die Gesamtfarbgebung im Gestein zu veranschaulichen.

Die Hauptgesteinsarten

Der nebenstehende Gesteinsschlüssel erlaubt eine erste Entscheidungsfindung mit freiem Auge oder mit der Lupe, ob das Handstück ein magmatisches, sedimentäres oder metamorphes Gestein ist. Ist die Gesteinsart gefunden, schlägt man den spezifischen Schlüssel auf einer der folgenden drei Doppelseiten auf und versucht, durch das weitere Frage- und Antwortschema das Gestein herauszufinden. Zum Schluß sollte es möglich sein, die gesteinsbildenden Minerale zu identifizieren. Die Farbdarstellungen mit ihren Beschreibungen erlauben eine letzte Prüfung der Bestimmung.

Mit einiger Übung werden Sie die meisten Handstücke recht mühelos identifizieren lernen. Natürlich werden immmer wieder Stücke dabei sein, an denen Sie Ihre berechtigten Zweifel hegen werden – Quarzit gehört sicherlich nicht zu den einfachen Gesteinen. In solchen Fällen wird aber meist die Geländesituation eine endgültige Entscheidung erleichtern.

GESTEINSSCHLÜSSEL

Handstück

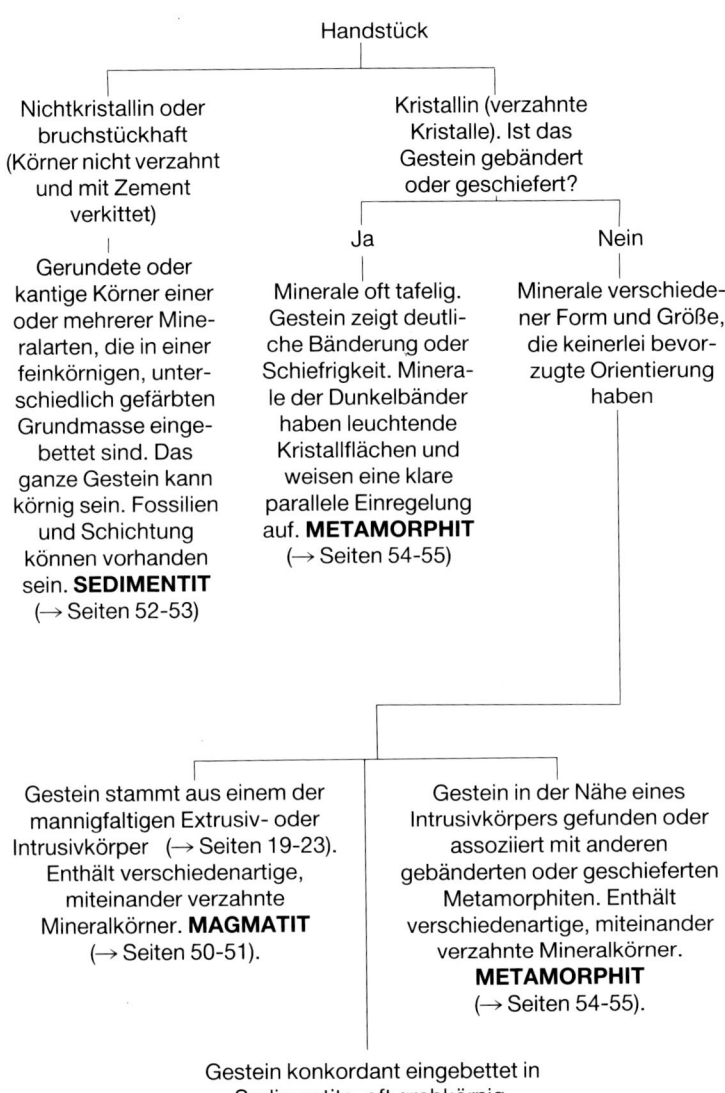

Nichtkristallin oder bruchstückhaft (Körner nicht verzahnt und mit Zement verkittet)

Gerundete oder kantige Körner einer oder mehrerer Mineralarten, die in einer feinkörnigen, unterschiedlich gefärbten Grundmasse eingebettet sind. Das ganze Gestein kann körnig sein. Fossilien und Schichtung können vorhanden sein. **SEDIMENTIT** (→ Seiten 52-53)

Kristallin (verzahnte Kristalle). Ist das Gestein gebändert oder geschiefert?

Ja

Minerale oft tafelig. Gestein zeigt deutliche Bänderung oder Schiefrigkeit. Minerale der Dunkelbänder haben leuchtende Kristallflächen und weisen eine klare parallele Einregelung auf. **METAMORPHIT** (→ Seiten 54-55)

Nein

Minerale verschiedener Form und Größe, die keinerlei bevorzugte Orientierung haben

Gestein stammt aus einem der mannigfaltigen Extrusiv- oder Intrusivkörper (→ Seiten 19-23). Enthält verschiedenartige, miteinander verzahnte Mineralkörner. **MAGMATIT** (→ Seiten 50-51).

Gestein in der Nähe eines Intrusivkörpers gefunden oder assoziiert mit anderen gebänderten oder geschieferten Metamorphiten. Enthält verschiedenartige, miteinander verzahnte Mineralkörner. **METAMORPHIT** (→ Seiten 54-55).

Gestein konkordant eingebettet in Sedimentite, oft grobkörnig. **SEDIMENTIT** (→ Seiten 52-53).

49

SCHLÜSSEL ZU DEN MAGMATITEN

Magmatisch-kristallines Fundstück

Keine sichtbare Textur

Entstammt das Handstück einem der auf den Seiten 19-23 beschriebenen Extrusiv- oder Intrusivkörpern?

Ja

Nein

Vielleicht metamorph (→ Seiten 54-55)

Sehr grobkörnig (>10mm)

Pegmatit
(→ Seiten 66-68)

Grobkörnig (>5mm)
Kristalle leicht erkennbar

Hell, mit einigen Dunkelmineralen

Mikrogranit
(→ S. 70)

Hell

Syenit
(→ S. 84)

Hell, mit einigen Dunkelmineralen

Granit
(→ S. 56-64)

Gesprenkelt

Diorit
(→ S. 88-90)

Dunkel

Gabbro
(→ S. 96-100)
oder
Ultrabasit
(→ S. 110-114)

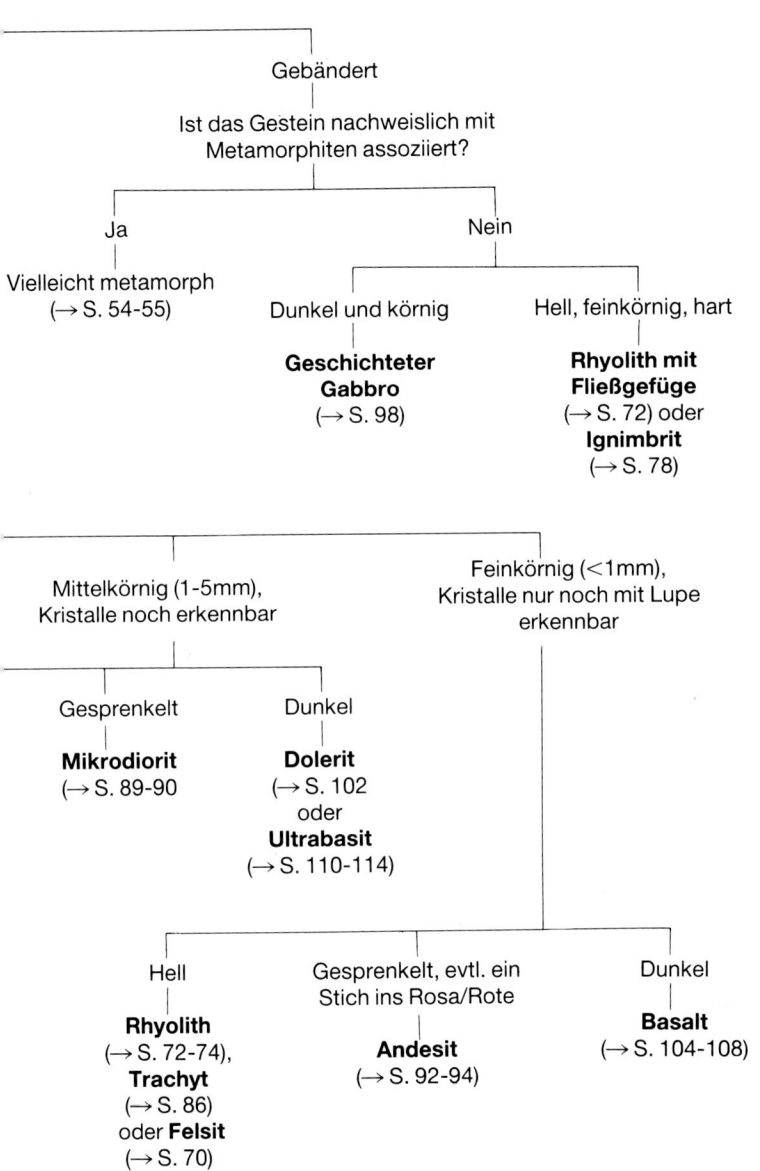

Gebändert

Ist das Gestein nachweislich mit
Metamorphiten assoziiert?

Ja

Vielleicht metamorph
(→ S. 54-55)

Nein

Dunkel und körnig

**Geschichteter
Gabbro**
(→ S. 98)

Hell, feinkörnig, hart

**Rhyolith mit
Fließgefüge**
(→ S. 72) oder
Ignimbrit
(→ S. 78)

Mittelkörnig (1-5mm),
Kristalle noch erkennbar

Feinkörnig (<1mm),
Kristalle nur noch mit Lupe
erkennbar

Gesprenkelt

Mikrodiorit
(→ S. 89-90

Dunkel

Dolerit
(→ S. 102
oder
Ultrabasit
(→ S. 110-114)

Hell

Rhyolith
(→ S. 72-74),
Trachyt
(→ S. 86)
oder **Felsit**
(→ S. 70)

Gesprenkelt, evtl. ein
Stich ins Rosa/Rote

Andesit
(→ S. 92-94)

Dunkel

Basalt
(→ S. 104-108)

SCHLÜSSEL ZU DEN SEDIMENTITEN

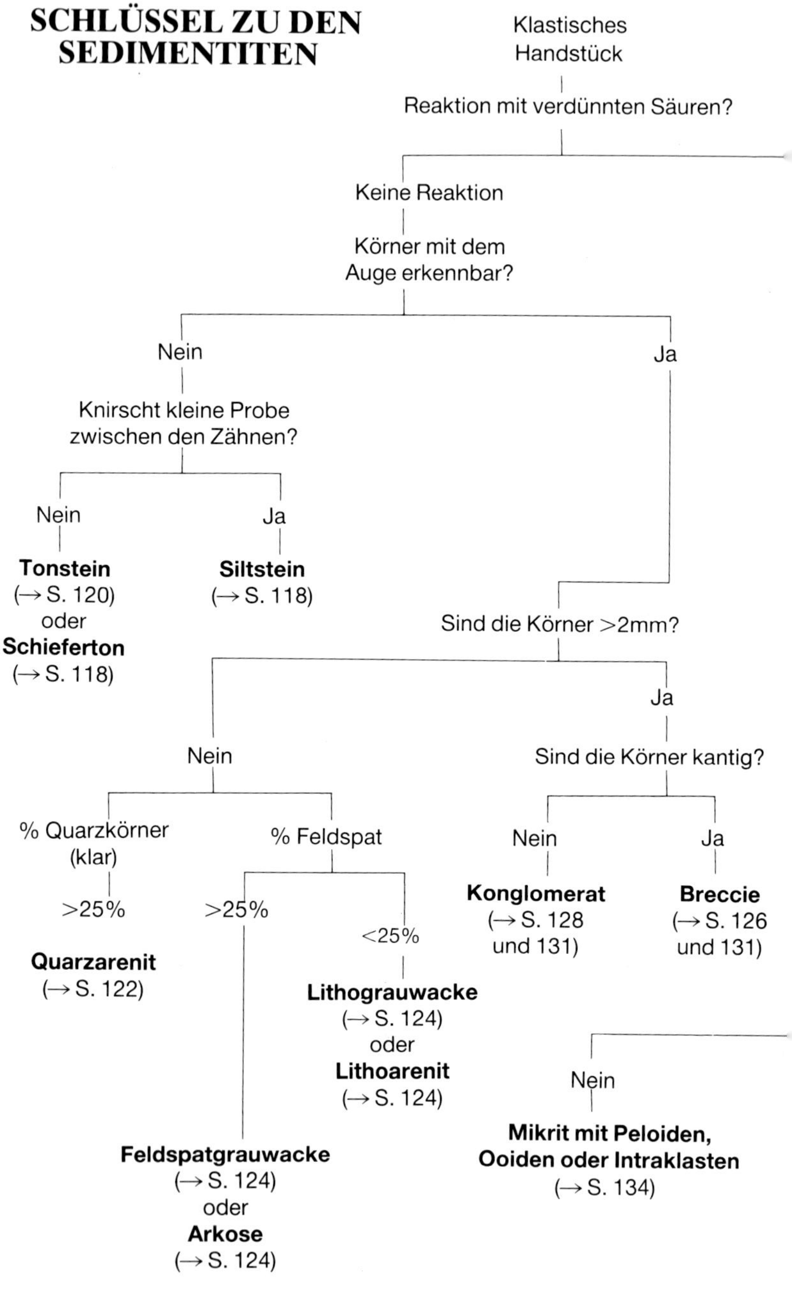

Klastisches Handstück

Reaktion mit verdünnten Säuren?

Keine Reaktion

Körner mit dem Auge erkennbar?

Nein — Knirscht kleine Probe zwischen den Zähnen?

- **Nein**
  Tonstein (→ S. 120) oder **Schieferton** (→ S. 118)
- **Ja**
  Siltstein (→ S. 118)

Ja

Sind die Körner >2mm?

Nein

- % Quarzkörner (klar)
  >25%
  Quarzarenit (→ S. 122)
- % Feldspat
  >25%
  Feldspatgrauwacke (→ S. 124) oder **Arkose** (→ S. 124)
  <25%
  Lithograuwacke (→ S. 124) oder **Lithoarenit** (→ S. 124)

Ja

Sind die Körner kantig?

- **Nein**
  Konglomerat (→ S. 128 und 131)
- **Ja**
  Breccie (→ S. 126 und 131)

Nein

Mikrit mit Peloiden, Ooiden oder Intraklasten (→ S. 134)

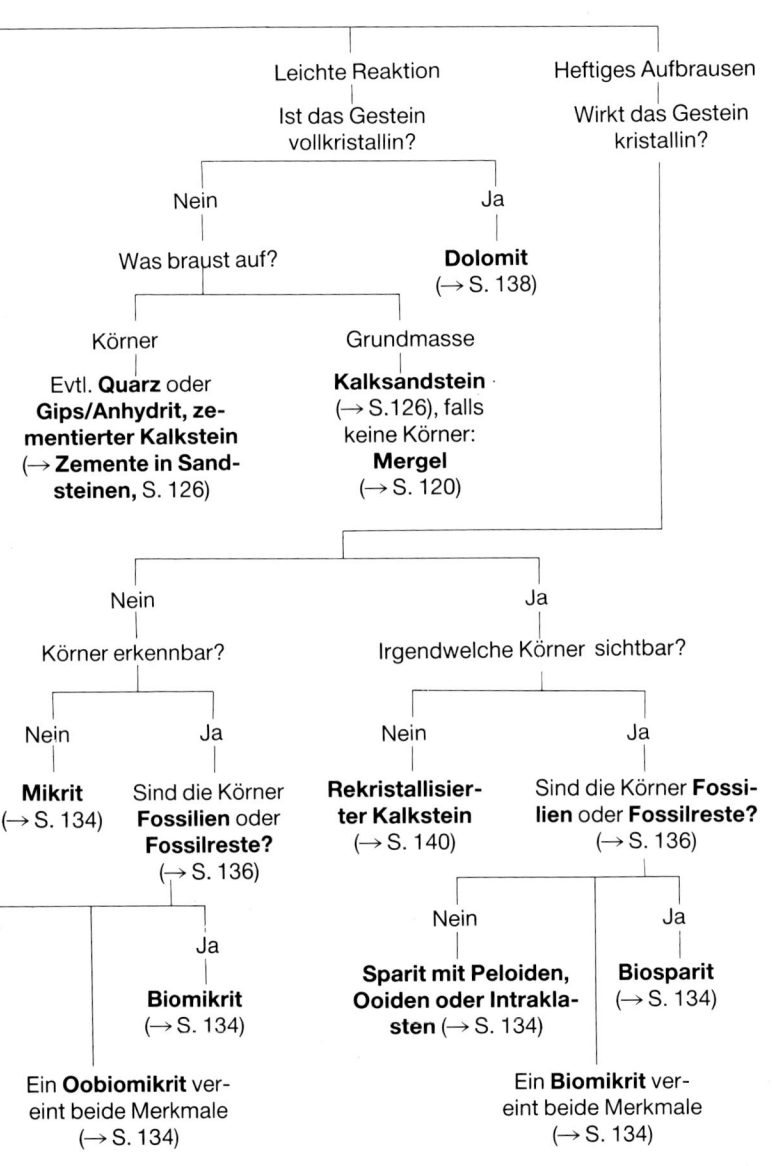

Leichte Reaktion
Ist das Gestein vollkristallin?

Heftiges Aufbrausen
Wirkt das Gestein kristallin?

Nein

Ja

Was braust auf?

Dolomit
(→ S. 138)

Körner

Evtl. **Quarz** oder **Gips/Anhydrit, zementierter Kalkstein** (→ **Zemente in Sandsteinen,** S. 126)

Grundmasse

Kalksandstein (→ S.126), falls keine Körner: **Mergel** (→ S. 120)

Nein

Ja

Körner erkennbar?

Irgendwelche Körner sichtbar?

Nein

Ja

Nein

Ja

Mikrit (→ S. 134)

Sind die Körner **Fossilien** oder **Fossilreste?** (→ S. 136)

Rekristallisierter Kalkstein (→ S. 140)

Sind die Körner **Fossilien** oder **Fossilreste?** (→ S. 136)

Nein

Ja

Sparit mit Peloiden, Ooiden oder Intraklasten (→ S. 134)

Biosparit (→ S. 134)

Ja

Biomikrit (→ S. 134)

Ein **Oobiomikrit** vereint beide Merkmale (→ S. 134)

Ein **Biomikrit** vereint beide Merkmale (→ S. 134)

SCHLÜSSEL ZU DEN METAMORPHITEN

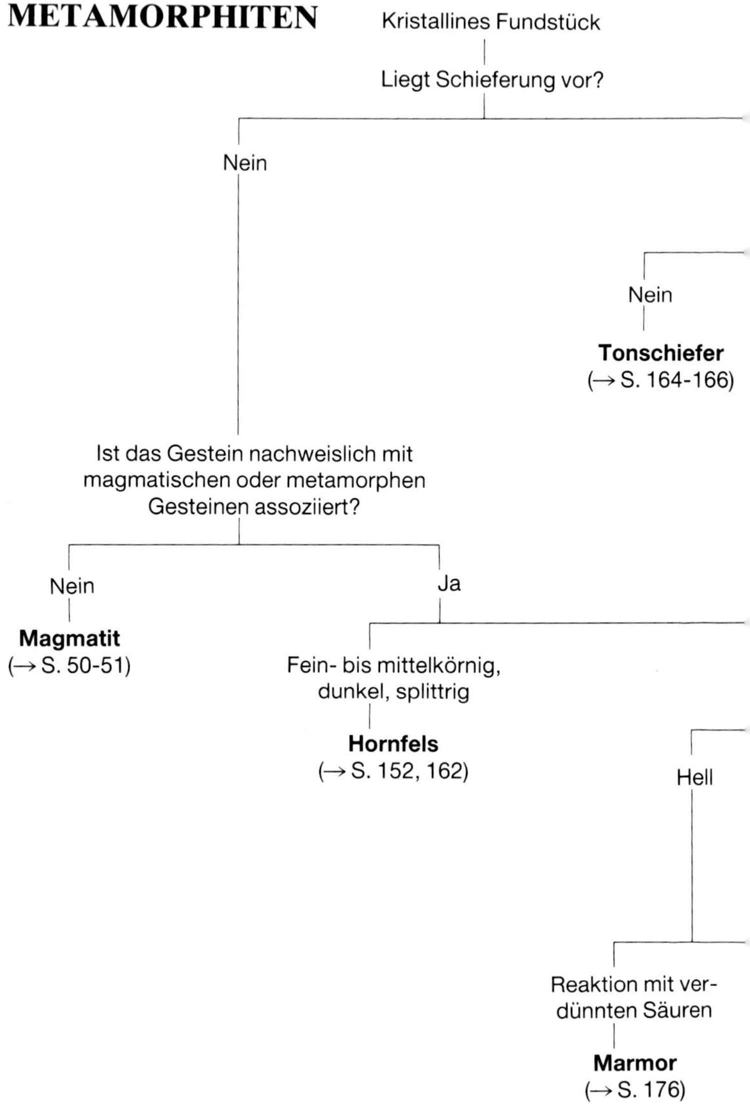

Kristallines Fundstück

Liegt Schieferung vor?

Nein

Nein

Tonschiefer
($\rightarrow$ S. 164-166)

Ist das Gestein nachweislich mit magmatischen oder metamorphen Gesteinen assoziiert?

Nein

Magmatit
($\rightarrow$ S. 50-51)

Ja

Fein- bis mittelkörnig, dunkel, splittrig

Hornfels
($\rightarrow$ S. 152, 162)

Hell

Reaktion mit verdünnten Säuren

Marmor
($\rightarrow$ S. 176)

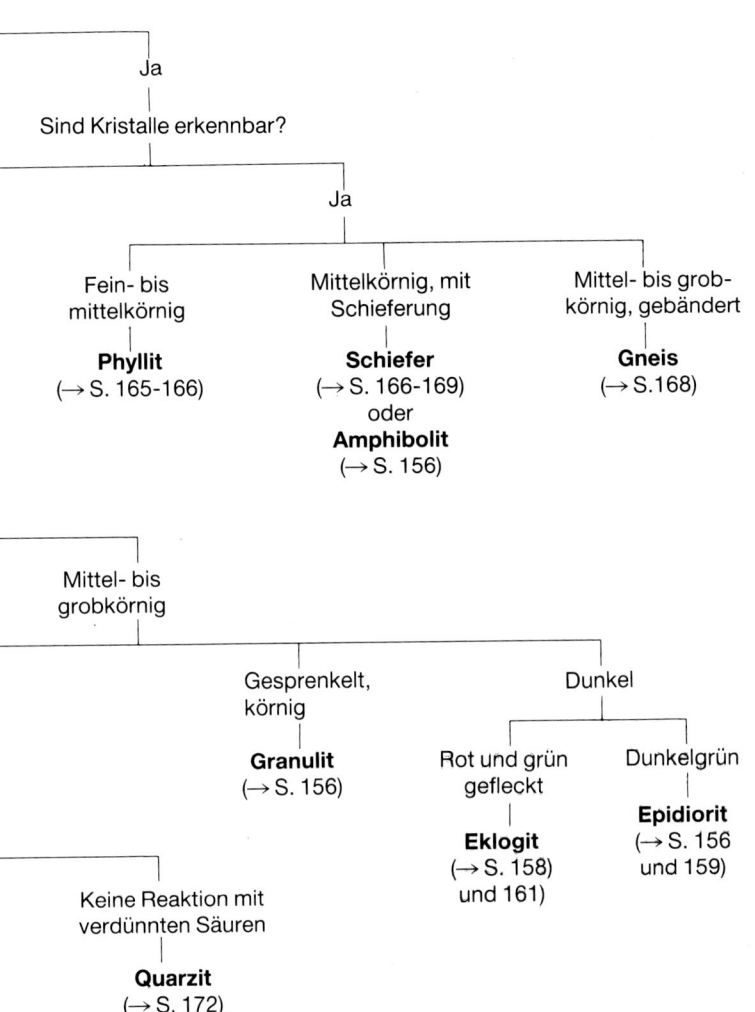

Ja
|
Sind Kristalle erkennbar?
|
Ja

Fein- bis
mittelkörnig
|
Phyllit
(→ S. 165-166)

Mittelkörnig, mit
Schieferung
|
Schiefer
(→ S. 166-169)
oder
Amphibolit
(→ S. 156)

Mittel- bis grob-
körnig, gebändert
|
Gneis
(→ S.168)

Mittel- bis
grobkörnig

Gesprenkelt,
körnig
|
Granulit
(→ S. 156)

Dunkel

Rot und grün
gefleckt
|
Eklogit
(→ S. 158)
und 161)

Dunkelgrün
|
Epidiorit
(→ S. 156
und 159)

Keine Reaktion mit
verdünnten Säuren
|
Quarzit
(→ S. 172)

55

Granite

Granite sind eine Gruppe saurer Plutonite mit wenigstens 10 Prozent freiem (sichtbarem) Quarz. Wie die große Mehrzahl der Magmatite bestehen Granite aus verwachsenen Mineralen, sie sind also kristallin. Farblich sind sie eher als blaß einzustufen, es sind *helle* Gesteine von hellgrau bis blaßrosa und rot. Dunkle Minerale sind nie zahlreich, geben ihnen aber ein gesprenkeltes Aussehen. Manche Granite haben porphyrische Struktur mit großen Feldspäten in einer mittelkörnigen Grundmasse. Meist sind sie grobkörnig und zugleich gleichkörnig; ihre Kristallstruktur wird auch als körnig bezeichnet. Die Mineralanordnung gehorcht keinem Verteilungsmuster, etwa Bänder oder Lagen, sie ist regellos. Nur die Feldspäte zeigen mitunter eine leichte Regelung – sie ist das einzige Zeugnis des langsamen Magmenfließens vor der Erstarrung.

Während der Magmenintrusion fallen oft Nebengesteinsbrocken in die Schmelze und werden in ihr konserviert. Solche gelegentlich auffindbaren Relikte heißen *Xenolithe.* Sie weisen in der Regel erodierte, zerfranste Ränder auf, die als Auflösungserscheinungen der heißen und aggressiven Schmelze gedeutet werden. Manche Xenolithe wurden bis auf Reste aufgeschmolzen.

Granite besitzen aufgrund des Quarzanteils eine beachtliche Härte; frisch sind sie schwerlich zu brechen. In der Steinbruchwand findet man viele vorspringende Kanten, die als Klopfstellen in Frage kommen. Nochmals: Schützen Sie sich beim Hämmern rechtzeitig vor scharfen Splittern! Denken Sie an Ihre Augen! Natürliche Aufschlüsse haben nicht die Frische wie im Abbau sich befindende Steinbrüche. Besonders bei Graniten setzt die Verwitterung (an den Felspäten und Biotiten) rasch an, was sich in baldiger Zermürbung des Gesteinsverbands ausdrückt. Die Probenahme ist hier zwar etwas leichter, aber Farbgebung und Erscheinungsbild sind doch zu sehr verändert, als daß sie den Ansprüchen eines Handstücks genügen würden.

Granitarten

Die Granite setzen sich aus drei großen Gruppen zusammen. Wie schon bei der Einteilung der Magmatite selbst, beruht diese Aufspaltung auf dem relativen Anteil bestimmter gesteinsbildender Minerale. Im Gelände exakt zu unterscheiden ist zugegebenermaßen schwierig. Es ist sicher nicht verkehrt, statt von Graniten von *granitischen Gesteinen* zu sprechen.

Die Feldspäte stellen in den granitischen Gesteinen die Hauptminerale, aufgrund deren Anteile die einzelnen Granitgruppen festgelegt werden. Je nach dem, wieviel Alkalifeldspat und wieviel Plagioklas zugegen sind, teilt man ein. Der Feldspatgehalt des *Alkaligranits* besteht mindestens zu 66 Prozent aus Alkalifeldspat (z.B. Orthoklas), dessen Anteil aber auch 100 Prozent erreichen kann. *Adamellit* besteht etwa aus gleichen Teilen Alkalifeldspat und Plagioklas. *Granodiorit* dagegen enthält mindestens 66 Prozent Plagioklas.

Granit

Muskovitgranit

Alkaligranit

Granit

5 cm

Vorkommen granitischer Gesteine

Die Granite gehören zu den Plutoniten. Millionen Jahre können vergehen, ehe die Erosion das überlagernde Deckgebirge abträgt und den Pluton freilegt. Granitische Gesteine bilden oft große Batholithe, die ihrer Härte und Ausdehnung wegen einen landschaftsprägenden Einfluß ausüben. Sie bilden im allgemeinen Hochländer oder Mittelgebirge und tragen eine dünne Haut saurer und verarmter Böden, die nur eine anspruchslose Vegetation zulassen. Granitareale finden wir im Schwarzwald, im Bayerischen Wald, im Odenwald und im Harz. Meist sind diese Granite vergesellschaftet mit hochmetamorphen Gneisen. Typisch sind die *Wollsäcke*, eine spezielle Verwitterungsform des Granits. Während der Magmenabkühlung schrumpft das erstarrende Material und ein regelmäßiges Netz feiner Längs- und Querklüfte durchzieht den Granit. In den oberflächennahen Partien dringt das Sickerwasser ein; während der kalten Jahreszeit gefriert es zu Eis, das infolge der großen Volumenzunahme eine sukzessive Aufweitung und Vertiefung des Kluftsystems hervorruft. Die chemische Verwitterung (→ S. 26) faßt bevorzugt in diesem Kluftnetz Fuß und präpariert letztlich die turmartig »aufgestapelten« Wollsäcke (schöne Exemplare am Dreisesselberg, Bayerischer Wald) heraus.

Große Granitgebiete im europäischen Ausland sind in den Vogesen, im Erzgebirge, im Waldviertel Niederösterreichs, in den Zentralalpen, im Massiv Central, in Nordwest-Spanien und besonders in Skandinavien beheimatet.

Die Entstehung von Wollsäcken

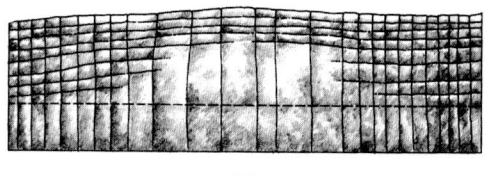

Beim Abkühlen eines Granitplutons bilden sich Risse und Klüfte.

Die Verwitterungslösungen setzen bevorzugt an diesen Rissen und Klüften an.

Letztendlich wird der oberflächennahe Granitzersatz weggeführt – Wollsäcke werden herauspräpariert.

Granodiorit

Granodiorit
mit Fremdeinschlüssen

xenolithischer Granit

Granit

5 cm

Granit mit Fremdeinschlüssen

Hauptminerale

Quarz. Granitgesteine erhalten mindestens 10 Prozent freien Quarz. Die eigentlich farblosen und durchscheinenden Körner fallen meist als graue, kantengerundete Kristalle zwischen den größeren Feldspäten ins Auge. Sie weisen Glasglanz auf und besitzen keinerlei Spaltbarkeit. Wegen seiner Verwitterungsresistenz wirkt der Quarz stets frisch; seine Mohshärte beträgt 7. Gelegentlich ist er leicht eingefärbt. Auch tritt er im Granit als Gangfüllung auf.

Feldspäte. Sie stellen mengenmäßig das Hauptmineral im Granit. Dadurch bestimmen sie auch weitgehend das farbliche Aussehen des Gesteins: im allgemeinen reicht die Färbung von weiß bis zartrosa. Gegenüber dem Quarz sind sie etwas weicher (mit dem Messer ritzbar) und besitzen deutliche Spaltflächen. Leider sind die verschiedenen Feldspatarten im Handstück kaum unterscheidbar. Der Alkalifeldspat *Orthoklas* kann zartrosa Farben zeigen, während die Plagioklase fast immer weiß sind. Verlassen Sie sich nicht zu sehr auf die Farbe, da sie recht oft eine Folge von Verunreinigungen oder Verwitterungslösungen ist. Die Häufigkeit von Orthoklas und Plagioklas wechselt mit der Art des Granits. Ein weiterer Alkalifeldspat, der *Mikroklin*, ähnelt sehr den anderen Feldspäten und ist daher im Handstück nicht identifizierbar; nur eine grüne Varietät, der *Amazonit*, ist leicht erkennbar. Der weit häufigste Alkalifeldspat in Granitgesteinen ist allerdings der Orthoklas, während Mikroklin sich weitgehend auf die Klüfte und Adern der Granite beschränkt – ein wichtiger Anhaltspunkt. Alkalifeldspäte und Plagioklase können gemeinsam Kalium-Natriumfeldspäte bilden, die *Perthite*; sie haben ein verwischt gebändertes Aussehen. Auf angewitterten Granitoberflächen wirken die Feldspäte häufig ausgebleicht und bröckelig.

Biotit. Dieser Glimmer verleiht den Graniten ihre dunklen Tupfer. Er ist in kleinen dunklen Blättchen unregelmäßig über das Gestein verteilt; seine Spaltbarkeit ist vollkommen. Die Spaltflächen haben einen deutlichen goldenen Glasglanz. Da Biotit recht weich (Härte 2,5) ist, läßt er sich mit Messer oder Fingernagel ritzen.

Muskovit. Er ähnelt mineralogisch vielfach dem Biotit, ist aber farblos bis hell und wird aus diesem Grund leicht übersehen.

Hornblende. Dieses Silikatmineral ist mit kaum 10 Prozent Anteil nicht allzu häufig. Die kleinen, länglichen Prismen sind dunkelgrün bis schwarz eingefärbt. Mit Hilfe der Lupe ist zu erkennen, daß die Hornblende zwei Spaltflächenrichtungen (ca. 56° Schnittwinkel) besitzt. Der glasartige Glanz ist nicht so deutlich wie beim Biotit. Mit Härte 6 ist sie recht hart und kann nicht so leicht geritzt werden.

Quarz

Orthoklas

Plagioklas

Hornblende

Biotit

Mikroklin

Muskovit

5 cm

Granit

Begleitminerale

Die Granitgesteine sind reich an Begleitmineralen, so daß hier nur eine begrenzte Auswahl vorgestellt werden kann. Wie der Name schon ahnen läßt, beschränkt sich ihr Anteil am Gestein auf 2 bis 3 Prozent – sie haben also gegenüber den Hauptmineralen nur untergeordnete Bedeutung.

Turmalin. Gewöhnlich ist dieses Mineral schwarz, kann aber auch braun oder dunkelblau sein. Die Kristalle entwickeln sich zu recht ansehnlichen, prismatischen Säulen; im 1 bis 2 cm starken Durchmesser zeigt sich die an den Ecken gebrochene dreieckige Form. Die Kristallflächen tragen oft parallele Streifen oder Riefungen. Spaltflächen finden sich keine und die Mohshärte liegt mit 7,5 recht hoch, so daß eine Ritzung mit dem Messer nicht möglich ist.

Apatit. Kleine Nadeln oder Prismen, die aber leicht übersehen werden, verraten dieses wichtige Phosphatmineral. Es ist meist farblos, kann aber zu blaßgrün und blaßblau wechseln. Spaltbarkeit fehlt, während mit dem Messer bei einer Härte von 5 geritzt werden kann. Schöne Kristalle zeigen eine sechsseitige Querschnittsform.

Zirkon. Er kristallisiert in kleinen, farblosen bis blaßbraunen Prismen quadratischen Querschnitts. Spaltbarkeit ist in der Regel keine zu finden und bei einer Härte von 7,5 lassen sich mit dem Messer keine Kratzer anbringen.

Titanit. Die keil- oder diamantförmig gewachsenen Kristalle in braunem bis gelbgrünem Farbton weisen eine vollkommene Spaltbarkeit auf. Mit dem Messer ritzbar (Härte 5,5).

Pyrit. Tritt in Form kubischer Kristalle oder auch als dünner Belag auf Kluftflächen auf. Seine Farbe ist ein blasses Messinggelb. Unter dem Einfluß der Verwitterung kann er anlaufen, farblich dunkler werden und ein irisierendes Farbenspiel zeigen. Sein Strich ist bräunlich-schwarz, der Glanz metallisch und bei einer Härte mit etwa 6,5 ist er mit dem Messer ritzbar.

Kupferkies. Oberflächlich betrachtet, ähnelt er dem Pyrit; seine Kristalle entwickeln jedoch Tetraederformen. Die Messingfarbe ist etwas dunkler und er kann bunt anlaufen. Im Gegensatz zum Pyrit ist er mit Härte 3,5 weicher und kann mit dem Messer leicht geritzt werden. Der Glanz ist ebenfalls metallisch.

Magnetit. Die kleinen schwarzen Kristalle zeigen oft ihre oktaedrische Form und liefern einen schwarzen Strich. Körnige Kristallaggregate sind ebenfalls nicht selten. Bei fehlender Spaltbarkeit zeigt Magnetit einen ausgeprägten metallischen Glanz. Seine Härte liegt bei 6 und er kann daher mit dem Messer geritzt werden.

Granit

5 cm

Apatit

Zirkon

Titanit

Turmalin

Pyrit

körniges
Magnetitaggregat

Kupferkies

Alkaligranite

Diese Gruppe mit bis zu 30 Prozent freiem Quarz ist gewöhnlich leukokrat (hell). Biotit ist in wechselnden Anteilen enthalten, ebenso etwas Muskovit als farblose Flitter. Die Feldspäte sind bei weitem in der Überzahl, und von diesen ist Orthoklas vorherrschend. Gelegentlich tritt Hornblende auf. In der Bundesrepublik finden wir keine typischen Alkaligranite; dagegen in Südnorwegen, Schweden (Jemtland), Finnland, auf Korsika, auf den Kanalinseln und auf Skye (Schottland).

Adamellite

Diese Granitgesteine gehören ebenfalls zum leukokraten Typus, erscheinen aber durch eine leichte Zunahme an Biotit und Hornblende etwas dunkler als die Alkaligranite. Bis zu 30 Prozent Anteil erreicht der freie Quarz. Die Feldspäte herrschen vor, wobei Alkalifeldspat und Plagioklas ungefähr gleich häufig auftreten. Orthoklas und die dunklen Gemengteile bestimmen das Farbspektrum und Erscheinungsbild des Gesamtgesteins. Mikroklin kann zugegen sein, läßt sich aber im Handstück kaum erkennen. Das wichtigste dunkle Mineral ist der Biotit, dann folgt dunkelgrüne Hornblende; Zirkon, Apatit, Magnetit und Pyrit sind die häufigsten Begleitminerale. Der Name leitet sich von der Typlokalität des Adamello-Plutons in den Südalpen her. Weitere Fundstellen sind in Südwest-England (Cornwall), in der Lausitz, im Erzgebirge und in Thüringen.

Granodiorite

Wiederum etwas dunkler als die Adamellite sind die Granodiorite, da sie noch mehr Biotit und Hornblende enthalten; letztere ist dabei häufiger als Biotit. Freier Quarz kann bis zu 30 Prozent zugegen sein, während die Feldspäte dominieren. Plagioklas übertrifft den Orthoklas mengenmäßig bei weitem. Muskovit kann sporadisch auftauchen. Apatit und Titanit sind die häufigsten Begleitminerale. Die Granodiorite sind nicht nur die verbreitetsten Granitgesteine, sondern vermutlich sogar die häufigsten Plutongesteine überhaupt. Fundstellen in Deutschland haben wir im südlichen Bayerischen Wald, im Odenwald und im Thüringer Wald. Ferner im Böhmerwald, in Schottland und in Skandinavien.

Granit

Alkaligranit

Granodiorit

Granodiorit

Granit

5 cm

Pegmatite

Pegmatite sind höchst grobkörnige Gesteine und können Träger der herrlichsten Minerale sein. Der Durchmesser der meisten Kristalle übertrifft 2,5 cm und manche Exemplare erreichen Durchmesser zwischen 1 und 2 m. Von Riesenmineralen mit 15 m Länge (Beryll) wurde schon berichtet. Die Pegmatite weisen die charakteristische kristalline Struktur magmatischer Gesteine mit unregelmäßig verteilten Mineralkomponenten auf. Unter Pegmatiten verstehen die Geologen oft ein sehr grobkörniges Gestein, das denselben Mineralbestand wie ein granitisches Gestein enthält. Streng genommen sollte man dazu besser auch Granitpegmatit sagen, da es Pegmatite gibt, die im Mineralbestand eher Dioriten oder Gabbros gleichen. In der Regel jedoch sind die Pegmatite mit Granitplutonen vergesellschaftet. Sie bilden Adern, kleine Dykes, Lagergänge oder auch unregelmäßige Körper am Rande der großen Plutone. Es gibt jedoch auch Plutone, denen die Pegmatite fehlen.

Pegmatitentstehung

Der Bildungsprozeß eines Pegmatits ist recht komplex. Während der Abkühlungsphase des Plutons entweichen aus der erstarrenden Schmelze heiße Gase und bestimmte hydrothermale Lösungen mit in ihnen gelösten Elementen. Sie dringen in die zahllosen Klüfte und Spalten des aufgebrochenen Nebengesteins ein. Die herrschenden Druck- und Temperaturbedingungen begünstigen ein Klima besonders großen Kristallwachstums. Verschiedene seltene Elemente, die aufgrund ihrer außergewöhnlichen Ionengrößen in den Mineralen des Plutongesteins keinen Platz finden, können hier in exotisch anmutenden Mineralarten, die andernorts nicht vorkommen, kristallisieren.

Abgesehen von der enormen Korngröße finden sich in den Pegmatiten Quarz und Feldspat zu einem besonderen Gefüge zusammen, der *schriftgranitischen* oder *graphischen* Verwachsung (→ S. 69); der Feldspat ist hier weiß, während der Quarz grau und glasig wirkt. Da die Pegmatite Ganggesteine sind, wachsen ihre Minerale in den Gang hinein und entwickeln dadurch ihre typische Gestalt. Ein weiteres Merkmal ist die Ausbildung einer regelmäßigen Zonierung aus verschiedenen Mineralarten; oftmals ist es jedoch nicht leicht, sie als solche zu erkennen.

Vorkommen

Pegmatite sind keineswegs selten. Sie sind fast immer an der Peripherie von Granitplutonen anzutreffen. Das Flußspatvorkommen bei Waidhaus im Bayerischen Wald ist ein großer Pegmatit. Vielerlei Fundstellen liegen im Fichtelgebirge, im Schwarzwald, im Odenwald und im Harz. Daneben im Waldviertel, in den Zentralalpen, in den Westalpen, in Cornwall und in Skandinavien.

Die Pegmatite sind Ganggesteine und wirken sich demgemäß kaum als Landschaftsbildner aus. Wenn Sie Pegmatitproben »ernten« wollen, bitte lassen Sie größte Sorgwalt walten, da ungebührlich starkes Hämmern unreparable Schäden an wertvollen Kristallen hervorrufen kann und der Nach-

Beispiele für Pegmatitgesteine

5 cm

welt kostbare Aufschlüsse verloren gehen können. Ein schmaler Kaltmeißel von 0,5 bis 1 mm Schneidenbreite leistet wertvolle Hilfe, da Sie mit ihm einzelne Kristalle ohne Mühe herauslösen können.

Hauptminerale
Es sind im wesentlichen die der sauren Plutonite (→ S. 60).

Begleitminerale
Turmalin, Apatit, Pyrit, Kupferkies, Magnetit, Titanit und Zirkon sind die gängigen Akzessorien. Turmalin kann häufig rote und grüne Streifung zeigen.
Lepidolith. Er ähnelt bis auf seine blaßviolette Färbung sehr dem Muskovit (→ S. 60). Ursache der Farbe ist sein Gehalt an Lithium, weswegen er auch bergmännisch abgebaut wird.
Spodumen. Dieses Silikat aus der Pyroxen-Familie führt ebenfalls reichlich Lithium. Spodumen wächst mitunter zu riesigen Kristallen heran – im sog. Etta-Pegmatit bei Keystone (Süddakota) fand man einen von 15 m Durchmesser. Zwei Spaltebenen sind vorhanden und die Mohshärte liegt bei 6,5; Spodumen kann daher mit dem Messer geritzt werden. Er zeigt farbliche Schattierungen von durchschimmerndem Rosa, Violett, Grün oder Weiß und besitzt einen weißen Strich.
Beryll. Dieses Ringsilikat enthält Beryllium, was der Grund seiner Abbauwürdigkeit ist. Die großen prismatischen Kristalle zeigen keine Spaltbarkeit. Gewöhnlich ist er grün; als Edelsteinvarietäten schätzt man jedoch die dunkelgrünen *Smaragde* und die blaßblauen bis blaßgrünen *Aquamarine*. Mit Härte 8 ist er nicht zu ritzen. Gut ausgebildete Kristalle weisen einen sechsseitigen (hexagonalen) Querschnitt auf.
Topas. Dieses Mineral ist meist farblos und durchsichtig, kann aber auch blaßblau, gelb oder gelbbraun sein. Der Strich ist weiß. Eine vollkommene Spaltbarkeit ist parallel zur Kristallbasis angelegt. Sein spezifisches Gewicht ist mit 3,5 sehr hoch. Bei einer Härte von 8 ist er nicht zu ritzen.
Fluorit. Flußspat, wie er auch heißt, wächst in kubischen Kristallen. Rein ist er farblos und durchsichtig, verunreinigt zeigt er gelbe, grüne, blaue und violette Farben. Er besitzt vier Spaltebenen und ist mit Härte 4 recht weich. Mit dem Calcit, der aber weicher ist (2,5) und nicht kubisch kristallisiert, wird er leicht verwechselt.
Cassiterit. Gelb, rotbraun oder braunschwarz sind die Farben des Zinnsteins. Schöne Kristalle haben pyramidale Form, häufig sind aber auch massige Aggregate. Seine Härte liegt zwischen 6 und 7 und er kann deshalb mit dem Messer nicht so leicht geritzt werden. Das spezifische Gewicht liegt mit ca. 7 sehr hoch. Sein Glanz ist als fett, diamantartig und metallisch zu bezeichnen.

Mikroklin

Perthit

Quarz

Muskovit

Biotit

5 cm

schriftgranitische Verwachsung

Beryllpegmatit

Lepidolith

Turmalin

Fluorit

Cassiterit

2 cm

Beryll

Topas

Spodumen

Granitische Ganggesteine

Felsite. Bei diesen Gesteinen handelt es sich durchwegs um feinkörnige saure Ganggesteine. Die gesteinsbildenden Minerale können selbst mit der Lupe oft nicht unterschieden werden. Das Gestein wirkt sehr kompakt, ist farblich zwischen blaßrosa und grau angesiedelt und sehr feinkörnig. Hauptminerale sind Quarz und Feldspat, die vollkommen miteinander verwachsen sind. Felsite sind Produkte der *Entglasung* (→ S. 74 und 76).

Mikrogranit. Wie der Name schon sagt, handelt es sich um eine feinkörnige Abart von Granit. Vielleicht sollte deshalb auch besser von Mikroalkali-Graniten, Mikroalkali-Adamelliten und Mikroalkali-Granodioriten gesprochen werden. Es sind helle Gesteine, deren eingestreute kleine, schwarze Kristalle (Biotit) sie gesprenkelt erscheinen lassen. Obgleich sie weit feinkörniger als gewöhnliche Granite sind, kann man die Minerale des Mikrogranits mit freiem Auge unterscheiden. Haupt- und Begleitminerale entsprechen denen der normalen Granite (→ S. 60).

Porphyrischer Mikrogranit. Es gibt Mikrogranite, die größere Einsprenglinge (5 bis 10 mm) aufweisen. Sie sind eingehüllt von viel kleineren Mineralkörnern und geben dem Gestein eine porphyrische Struktur. Als Einsprenglinge fungieren häufig Quarz und Feldspat; je nach Anteil nennt man das Gestein dann *Quarzporphyr* oder *Quarz-Feldspatporphyr*. Verallgemeinert sagt man auch *Granitporphyre* oder einfach *Porphyrite*. Mitunter finden sich auch Biotit und Hornblende als Einsprenglinge. Die Gesteine sind leukokrat; um die Einsprenglinge herum enthält die Matrix zwar dieselben Mineralarten, sie können jedoch wegen ihrer Kleinkörnigkeit nicht identifiziert werden. Die Mineralogie gleicht der des Mikrogranits. Es gibt darüber hinaus eine Abart des porphyrischen Mikrogranits, dessen Quarze und Alkalifeldspäte so subtil verwachsen sind, daß dies mit freiem Auge nicht wahrnehmbar ist – dann haben wir eine *granophyrische* Struktur vor uns. Entsprechende Gesteine, die im Farbton von blaßrosa bis weiß reichen, heißen demgemäß *Granophyre*. Wir kennen sie vornehmlich als Ganggesteine, sie können aber auch vergleichsweise große Intrusionen bilden.

Vorkommen

Alle diese Gesteine sind hart und stellen folglich mehr oder weniger lineare landschaftsbildende Elemente dar, da sie gegenüber dem Nebengestein nicht so leicht verwittern. Granitische Ganggesteine finden sich generell im Gefolge entsprechender Plutone, wie wir sie aus den Kristallingebieten des Bayerischen Waldes, des Oberpfälzer Waldes, des Schwarzwalds, des Odenwalds und des Harzes kennen. Dies gilt in analoger Weise weltweit. Da sie genetisch eng mit den jeweiligen Plutonen korrespondieren, besitzen alle diese Ganggesteine in etwa das gleiche Intrusionsalter.

rosa Felsit

Felsit

rosa Mikrogranit

Mikrogranit

porphyrischer Mikrogranit

Quarz-Feldspatporphyr

Feldspatporphyr

5 cm

Rhyolithe

Rhyolithe ist ein Sammelbegriff für verschiedene sauere Extrusivgesteine und es ist sicher von Vorteil, von *rhyolithischen Gesteinen* zu sprechen. Sie sind die extrusiven Gegenstücke zu den intrusiven Graniten, und es verwundert nicht, daß sie ihre chemischen und mineralogischen Äquivalente darstellen. Da sie stets sehr feinkörnig kristallisieren, fällt eine genaue Identifizierung selbst mit dem Mikroskop nicht leicht.

Rhyolithe sind leukokrat mit einem leichten Stich ins Weiße, Graue, Blaßgrüne, Rote oder Braune. Die Verwitterung setzt ihnen nur schwerlich zu; die dünne Verwitterungskruste ist entweder weiß oder blaßcremefarbig, während das frische Gestein wegen der Feinkörnigkeit eher etwas dunkler wirkt. Die Rhyolithe sind sehr harte Gesteine, die wie Glas einen muscheligen Bruch zeigen. Bei ihnen sollten sie besonders vorsichtig mit dem Hammer umgehen und unbedingt ihre Augen schützen, da durch die Härte der Rhyolith leicht splittert.

Gefüge

Die Rhyolithe sind nicht immer struktur- und texturlos. Gelegentlich zeigt sich eine gut ausgebildete Bänderung, die über kurze Distanzen fast gerade, sonst aber oft undurchschaubar verfältelt und verwickelt ist. Man spricht hier von einem *Fließgefüge*. Die sichtbare Bänderung wird verursacht durch leichte Änderungen der Korngröße sowie durch Farb- und Mineralwechsel oder durch die Ansammlung von Gasblasen. Saure Laven sind naturgemäß hochviskos und fließen sehr langsam. Die starken Verfältelungen sind Zeugen des ehemals langsamen Fließens dieser zähen Laven.

Rhyolithe sind zwar sehr feinkörnig, können aber bisweilen doch größere Einsprenglinge enthalten und zählen dann zu den porphyrischen Rhyolithen. Manchmal sind die Einsprenglinge regellos, andermal zu diskreten, ebenen Bändern angeordnet (→ S. 75). In diesem Fall sind die Einsprenglinge als Frühkristallisate, die durch die noch mobile Lava zu Schlieren und Bändern ausgerichtet wurden, zu betrachten. Als Einsprenglinge kommen Sanidin und Quarz in Frage.

In manchen Rhyolithen fallen kleine runde Hohlräume oder Bläschen auf – Relikte einstiger Gasblasen in der Schmelze. Die Hohlräume wachsen mit Mineralneusprossungen wie Quarz, Feldspat oder Zeolithen zu; wir nennen sie dann *Mandelsteine*.

Häufig treten auch kleine runde Partikel (0,5 bis 1 cm und größer), gleichfalls regellos oder gebändert, auf – es sind *Sphärolithe*, die dem Gestein ein *sphärolithisches* Gefüge verleihen. Rhyolithe und auch Granite enthalten bisweilen zentimetergroße kugelförmige Gebilde, die separat oder miteinander verknüpft sein können. Einige haben einen Kern, auch können oft konzentrische Schalenstrukturen beobachtet werden. Auf angewitterten Oberflächen ist der äußere, feinkörnigere Schalenbereich blaßgrau, während der innere Bereich dunkler erscheint – wegen des gröberen Korns ist er auch rauher. Diese *Kugeltextur* geht wahrscheinlich auf Reaktionen des Magmas mit Fremdeinschlüssen oder *Xenolithen* zurück.

Rhyolith mit Kugeltextur

5 cm

porphyrischer Rhyolith

Rhyolith mit Fließtextur

Rhyolith mit Fließtextur

angewitterter Rhyolith

Glas. Alle Laven, ungeachtet ihres Typs, kühlen schnell ab und erhalten dadurch ihre charakteristische Feinkörnigkeit. Extreme Abkühlung der Lava läßt den Schmelzbestandteilen keine Zeit, Kristallgitter zu bilden und so arrangieren sie sich zu amorphem *Glas*. Naturglas ist strukturell jedoch nicht beständig und verändert sich im Lauf der Zeit (mehrere Millionen Jahre) zu winzigen, dünnen und faserigen Kristallen, den *Mikrolithen*. Dieser Prozeß der *Entglasung* beginnt an Kristallisationszentren im Gestein und wandert radial nach außen. An den schlanken Quarz- und Feldspatkristallen kann dies schön beobachtet werden. Auf der glatten Glasoberfläche wirken diese Aggregate zwar kreisförmig, sind aber in Wirklichkeit Kugelgebilde mit hohlem Zentrum.

Mineralogie

Der genaue Mineralbestand der Rhyolithe kann wegen ihrer Feinkörnigkeit nur mit chemischen Analysenmethoden ermittelt werden. In den porphyrischen Rhyolithen sind wenigstens die Einsprenglinge mit einfachen Mitteln erkennbar. Die Mineralogie der Rhyolithe entspricht der der Granite und Mikrogranite mit den Hauptmineralen Quarz und Feldspat. Wegen der höhertemperierten Rhyolithmagmen kristallisiert hier der Quarz auch in den Hochtemperaturvarietäten *Tridymit* und *Cristobalit*. Gleiches finden wir beim Alkalifeldspat, der als *Sanidin* neben Orthoklas und Plagioklas vorkommt. Dunkle Einsprenglinge wie Biotit und (untergeordnet) Hornblende sowie etwas Pyroxen (Augit, Hypersthen, Olivin) sind vorhanden. Auch Granat taucht in Rhyolithen auf. Weitere Begleitminerale umfassen Pyrit, Zirkon, Topas, Fluorit und Apatit.

Vorkommen

Rhyolithe bilden Lavadecken, Gangfüllungen und manchmal auch Schlotpfropfen, wenn die Lava so zähflüssig war, daß sie im Vulkanschlot steckenblieb. Nie ist wegen der geringen Fließfähigkeit des Lavenmaterials das Verbreitungsgebiet der Rhyolithe groß. Härte und Verwitterungsresistenz sind hoch und so formen die Rhyolithe kantige und zerklüftete Felsgestalten, die sie zusammen mit ihren blassen Farben leicht als solche erkennen lassen.

Die Rhyolithe sind vergleichsweise häufige Gesteine, nur in Mitteleuropa treten sie seltener auf. Fundstellen sind im Vorspessart, an der Nahe, im Odenwald, im Schwarzwald, im Thüringer Wald, in Ungarn, auf Sardinien, auf Lipari, auf Island.

Quarz

Orthoklas

Plagioklas

porphyrischer Rhyolith
mit Fließtextur

Biotit

5 cm

Rhyolith

Apatit

Pyrit

Granat

Rhyolithische Gläser

Obsidian, Pechstein und Bims sind mit Rhyolithen und rhyolithartigen Gesteinen assoziierte Gläser. Ihr Korn ist extrem fein; selbst mit der Lupe erkennt man keinerlei Kornstruktur. Sie weisen alle einen rhyolith- und granitartigen Chemismus auf, wobei es einem schon schwerfällt, den schwarzen, glasigen, splitterig zerbrechenden Obsidian mit dem weißen, porösen Bimsstein, der sogar im Wasser schwimmt, zu vergleichen.

Obsidian. Dieses schwarze, verwittert auch graue saure Gestein ist natürliches Glas. Er schließt keine Kristalle oder Bläschen ein. Sein Bruch ist scharfkantig und muschelig. Die Bruchflächen sind glatt und werden von mehreren konzentrischen Ringen, die sich um das Schlagzentrum legen, durchzogen. Obsidian entsteht beim schnellen Abkühlen rhyolithischer Laven. Im Lauf der Zeit entglast Obsidian und verwandelt sich in Flecke blaßgrauer, federiger Quarz- und Feldspatkristalle – man spricht bei solchen Gesteinen von Schneeflockenobsidian. Auch zeigen sich bisweilen Fließstrukturen und Sphärolithe (→ S. 187).

Pechstein. Diese schwarzen, dunkelroten oder dunkelgrünen Gläser haben einen dumpferen Glanz als Obsidian. Sie erlitten eine stärkere Entglasung und weisen daher einen höheren Kristallisationsgrad als Obsidian auf; zudem sind sie öfters porphyrisch. Einsprenglinge von Quarz, Sanidin, Plagioklas und hellgrünem Pyroxen sowie Mikrolithe sind zugegen. Pechsteine zeigen Risse und Fließstrukturen.

Bims. Durch seine extreme Porosität ist dieses Glas spezifisch leichter als Wasser. Obwohl strenggenommen sein Chemismus von basisch bis sauer reicht, gilt Bims normal als saures Produkt. Seine Farbe ist sehr hell. Bims erstarrt an der Oberfläche hochviskoser Laven, an der sich eine lebhafte Entgasung abspielt – daher die hohe Porosität. Einsprenglinge von Quarz, Sanidin und Plagioklas sind nicht ungewöhnlich.

Vorkommen

Diese Gesteine finden wir zumeist als Lavaströme oder abgeschreckte Randzonen magmatischer Ganggesteine. Da Obsidian und Pechstein recht hart sind, treten sie als landschaftsprägende Elemente auf – wenn auch in bescheidenen Dimensionen. Bims ist mit Lavaströmen und Auswurfgesteinen vergesellschaftet.

Der berühmteste Obsidianstrom befindet sich der Insel Lipari; ferner in Ungarn, Spanien, Island, USA und Mexiko. Pechsteine kennen wir aus Südtirol, Sachsen oder Schottland. Bims wird in großen Bimssteinbrüchen auf Lipari gebrochen.

Obsidian

Schneeflockenobsidian

gebänderter Obsidian

Bims

5 cm

Pechstein

Ignimbrite

Bei explosiven Vulkanausbrüchen wird das Auswurfmaterial stark zerkleinert und weit durch die Luft gewirbelt. Es setzt sich unweit vom Schlot unter Bildung vulkanischer Ablagerungen, der *Pyroklastika*, ab.

Im Zuge der im Jahre 1902 auf dem Mt. Pelée (Insel Martinique) erfolgten heftigen Eruptionen trat eine extrem heiße Glutwolke von 700 bis 1000 °C aus. Sie wälzte sich mit ihren glühenden Gesteins- und Ascheteilchen rasend schnell den Berg hinab und vernichtete die Stadt St. Pierre mit allen 30000 Bewohnern. Solche Glutwolken konnten später vielerorts wiederholt beobachtet werden, etwa 1980 beim Ausbruch des Mt. Saint Helens. Diese Glutwolken nennt man in der Vulkanologie *nuée ardentes*. Die dichte Basis der Glutwolke aus Festteilchen gleitet dicht über die Erdoberfläche und hinterläßt eine Schicht unverfestigter Fragmente. Diese besteht aus Gesteinsbruchstücken der Oberflächengesteine, aus Lavenbestandteilen der Eruption, aus Mineralen wie Plagioklas, Sanidin, Quarz und untergeordnet Biotit, Hornblende, Pyroxen, scharfrandigen Glasteilchen und Bimssplittern. Zusammen mit den verbackenen Aschen der Wolke selbst bildet sie die *Ignimbrite*.

Diese liegen oft in Form ausgedehnter Decken vor. In dicken Decken sind die untersten Lagen erhöhtem Druck ausgesetzt, so daß die verschiedenen Bröckchen und Bimse, die noch die Hitze halten, plastisch verformbar bleiben und zusammengequetscht werden. Das Ganze erhält dann ein gemasertes bis schlieriges Aussehen. Wegen der niedrigeren Temperatur sind die Bestandteile nicht verschweißt und bilden die *Gluttuffe*. Wenn die einzelnen Asche-, Glas- und Bimsteilchen miteinander verschweißt werden, liegen *Schweiß*- oder *Schmelztuffe* vor; sie befinden sich stets im Zentrum des Ignimbrits. *Rheoignimbrite* zeigen Fließstrukturen ähnlich Lavaströmen. Viele Vulkanite erkannte man neuerdings als Ignimbrite.

Ignimbrite sind in der Regel weiß oder grau, auch rosa und schwarz; sie verwittern blaßgrau. Die fiammés, flachgedrückte Glasfladen der Basislagen, erkennt man leicht an ihrer schwarzen, dunkelgrünen (Verwitterung zu Chlorit) oder blaß grauweißen Farbe und ihrer glasigen Beschaffenheit. Einsprenglinge findet man in den fiammés und in der Grundmasse.

Vorkommen

Ignimbrite sind Begleiter saurer Lavaströme und formen ausgedehnte Decken. Wegen ihres Siliziumreichtums sind sie sehr hart und daher sehr schwierig zu beproben. Die Decken öffnen sich in schroffen und steilen und gut geklüfteten Aufschlüssen. Fündig wird man in der Eifel (*Traß*, ein trachytischer Tuff), im Hegau, am Vogelsberg. Riesige Decken befinden sich auf Neuseeland, in den nord- und südamerikanischen Kordilleren und auf Sumatra.

Ignimbrite verschiedener Entwicklungs-
phasen weisen ganz unterschiedliche
Fließ- und Schlierentexturen auf

5 cm

Umgewandelte Granite

Nur wenige Granitgesteine bleiben nach ihrer Erstarrung völlig unverändert. Vielmehr werden sie durch die heißen und aggressiven Lösungen und Gase des Intrusionskörpers geochemisch mehr oder weniger stark umgewandelt. Diese Agentien sind meist an bestimmten Elementen, etwa Bor, Fluor oder Zinn, angereichert. Auch nach der Erstarrung ist der Plutons immer noch um die 500 °C heiß; gewaltige Mengen dieser Gase und Lösungen dringen unvermindert an seine Peripherie und durch die zahllosen Klüfte ins Deckgebirge ein. Dort wandeln sie die Minerale des schon erstarrten Granits und des Nebengesteins um. Das Bor in den heißen Gasen ist in der Lage, *turmalinreiche* Granite zu erzeugen, das Zinn führt zu *Greisenbildung* und heiße Lösungen können umfangreiche *Kaolinisierungen* in Gang setzen.

Greisen

Granite, die einer Vergreisung unterzogen wurden, führen als Hauptminerale Muskovit und Quarz. Greisen finden wir in den Randzonen granitischer Plutone am Kontakt zum Nebengestein. Die Greisenbildung beschränkt sich auf bestimmte Bereiche, die allmählich in unverändertem Granit überleiten. Die Feldspäte sind es, die zu Muskovitklümpchen oder auch *Zinnwaldit*, einem Lithiumglimmer, umgewandelt werden. Topas und Fluorit sind ebenfalls häufig beobachtete Neubildungen. Aufgrund dieser Mineralausstattung sind Greisen leukokrate, gesprenkelte, mittel- bis feinkörnige Gesteine; Fluorit kann rosa Tupfen beisteuern. Der Topas, sonst nur als Begleitmineral zu beobachten, kann den Muskovitanteil bisweilen übertreffen und in manchen Fällen 90 Prozent des Bestands ausmachen. Turmalin, ein Bormineral, kann auch zugegen sein.

Vorkommen

Greisen findet man manchmal als Kluftgestein, aber auch als relativ ausgedehnte Massen an der Peripherie großer Plutone. Greisen kennen wir aus dem Erzgebirge, aus Cornwall und aus den Mourne Bergen in Nordirland.

Mineralogie

Als Begleitminerale kommen Turmalin, Apatit, Fluorit, Cassiterit, Rutil und Wolframit in Frage.

Rutil. Diese Kristalle sind prismatisch oder nadelig. Sie zeigen gute Spaltbarkeit nach einer Ebene; die Farbe ist häufig rotbraun, kann aber gelblichrot oder auch schwarz sein. Der Strich ist blaßbraun, der Glanz diamantartig und die Härte liegt bei 6,5.

Wolframit. Es sind schön ausgebildete, grauschwarze Minerale, oft plattig mit vollkommener Spaltbarkeit. Das spezifische Gewicht ist hoch (7,3), der Glanz metallisch, der Strich bräunlichschwarz und die Härte liegt bei 4.

Greisen

5 cm

Orthoklas

Quarz

Plagioklas

Rutil

Wolframit mit Quarz

Topas

Fluorit

Muskovit

Cassiterit

Turmalinisierung

Wenn Turmalin in Granitgesteinen besonders reichhaltig gefunden wird, so geht seine Entstehung auf einen Prozeß, der erst nach der Erstarrung eingesetzt hat, zurück – auf die *Turmalinisierung*. An Bor reiche Gase und manche fluide Phasen reagieren zunächst mit den Biotiten des Granits und wandeln sie in braune Turmaline um. Gewinnt dieser Vorgang an Intensität, wird auch der Feldspat ersetzt – in der Regel durch Quarz. Die Turmalinisierung läuft in zwei Stufen ab:

STUFE 1   Dieser Prozeß ist der verbreitetere und findet seinen Niederschlag in einer Gesteinsart aus Quarz, Feldspat und Turmalin. Der Quarz zeigt ein unverändertes Bild, während der Feldspat ziegelrot und teilweise schon zersetzt ist. Der Turmalin tritt in zwei Formen auf: Eine gelbgrüne Art, wie sie schon vor der Turmalinisierung bestand, sowie eine schwarze bis grünlichschwarze Art, die als feine, radialstrahlige Nadeln an den Feldspatecken wächst und in den Quarz eingebettet ist. Diese Büschel heißen *Turmalinsonnen*; sie sind mit dem freien Auge nicht immer leicht zu erkennen. Der grobkörnige Turmalingranit (er führt auch den Namen *Luxullianit*), fällt wegen seiner dunkelgrünen und ziegelroten Tupfen sofort ins Auge. Manchmal ist er schon recht bröckelig.

STUFE 2   Diese Reaktion beinhaltet den Ersatz des Feldspats durch Quarz und Turmalin, was zu einem Quarz-Turmalin-Gestein mit schwarzen Turmalinen (*Schörl*) führt. In diesem sehr kontrastierend schwarz-weiß gesprenkelten Gestein ist der Schörl als kräftige Prismen entwickelt, viel stärker als in den Turmalinsonnen. Fundorte kennen wir aus dem Harz.

Kaolinisierung

Bei diesem Reaktionsprozeß sind weniger heiße Gase, sondern sehr heiße Lösungen die aktiven chemischen Agentien. Die Feldspäte des Granits verwandeln sich dabei ganz oder teilweise zu sehr feinkörnigen Tonmineralen (eines davon ist *Kaolin*) und zu *Serizit*, einem sehr feinkörnigen Glimmer. Bei vollständiger Kaolinisierung wird der einstige Granit leukokrat, sehr weich und krümelig – nur der Quarz widersteht unbeschadet dieser starken physikochemischen Attacke. Das neue Gestein ist *Kaolin*, ein wichtiger Grundstoff der chemischen, Keramik- und Porzellanindustrie. Bedeutende Vorkommen liegen im Raum Tirschenreuth (Oberpfalz), in Cornwall, in der Bretagne.

Bei unvollkommener Kaolinisierung entsteht *kaolinisierter Granit*. Neben Quarz finden sich teilkaolinisierter Feldspat und etwas Muskovit und Serizit. Auch Turmalin, Pyrit, Topas und Fluorit sind zugegen. Bedeutende Vorkommen liegen im Raum Tirschenreuth (Oberpfalz), in der Lausitz, in Cornwall und in China.

stark kaolinisierter Granit

Luxullianit

5 cm

turmalinisierter Granit

schwach kaolinisierter Granit

Turmalin in Quarz

Orthoklas

Turmalin

Topas

Schörl in Quarz

Muskovit

Syenite

Syenite sind mittel- bis grobkörnige, intermediäre Plutonite. Es sind leuko-krate, auch mesokrate Gesteine von entweder weißer oder blaßgrauer, hell-rosa oder hellroter Farbe. Hauptmineral mit bis zu 90 Prozent sind die Feld-späte, von denen die Alkalifeldspäte vorherrschen. Syenite enthalten Alka-lifeldspat (Orthoklas und Mikroklin) und Plagioklas; ist nur Alkalifeldspat präsent, spricht man von *Alkalisyeniten*. Der Quarzanteil schwankt. Er-reicht er 10 Prozent, haben wir einen Quarzsyenit; meist aber liegt der Quarz zwischen 2 und 3 Prozent oder er fehlt ganz. Perthitbildungen beim Feldspat sind nicht selten, was aber nur im Dünnschliff gesehen werden kann.

Bei Abwesenheit von Quarz können *Foide*, Feldspatvertreter, zugegen sein. Dunkle Minerale sind recht häufig, vor allem Biotit und Hornblende. Biotit fällt als dunkle Schüppchen auf und seine Spaltflächen lassen den gla-sig-metallischen Glanz erkennen. Hornblende und andere Amphibole fin-den sich in Form kleiner dunkler Prismen. Ferner sind Pyroxene und Olivin zu entdecken.

Syenite sind teils gleichkörnig, teils porphyrisch kristallisierte Gesteine. Einsprenglinge sind längliche oder plattige, weiße oder cremig-rosa Feld-späte, die sich manchmal in Fließstrukturen anordnen.

Vorkommen

Syenite sind seltene Gesteine. Die feinkörnigen Varietäten, die Mikrosye-nite, beschränken sich auf Ganggesteine, während die gröberkörnigen Sye-nite Intrusivkörper bilden; letztere treten oft im Gefolge von Graniten auf. Bei Larvik in Norwegen kommt eine Syenitart vor, der blaugraue und grob-körnige *Larvikit*, der viel im Fassadenbau eingesetzt wird. Hochglanzpo-liert zeigen die Feldspäte eine herrliches blaues Schillern, sie *labradorisie-ren*. Vorkommen im Schwarzwald, im Odenwald, in den Vogesen, bei Dres-den; Typlokalität ist Syene in Ägypten, ferner sind Fundorte in Biella (Ita-lien), Inverness und Sutherland (Großbritannien) sowie Norwegen und Schweden.

Mineralogie

Hauptminerale sind Feldspäte, Biotit und Hornblende. Quarz und Foide (Nephelin und Sodalith) gewinnen in manchen Syeniten an Bedeutung, kommen aber nie zusammen vor. Apatit, Zirkon, Pyrit, Titanit, Magnetit, Pyroxene und Olivin sind die üblichen Begleitminerale.

Nephelin. Weiße, oft hexagonale glasige Kristalle mit einer Härte von 6. Nephelin zeigt keine Spaltbarkeit und bricht muschelig. Verwechslung mit Quarz ist wegen der Ritzbarkeit mit dem Messer vermeidbar.

Sodalith. Eigenschaften ähnlich dem Nephelin, in der Farbgebung jedoch kräftiges Blau.

Syenit

Nephelin-
syenit

Rhombenporphyr
(porphyrischer
Mikrosyenit)

Larvikit

Amazonit
(Mikroklin)

Plagioklas

Perthit

Quarz

Nephelin

Sodalith

Hornblende

Augit

Biotit

5 cm

Trachyte

Diese Vulkanite stellen die extrusiven Äquivalente der Syenite dar, da sie dieselbe Mineralogie aufweisen. Es sind intermediäre, feinkörnige, leukokrate, auch mesokrate Gesteine von weißer, rosa oder blaßcremiggelber Farbe. Porphyrisches Gefüge ist sehr verbreitet; neben den Feldspäten sind als Einsprenglinge noch Biotit und Hornblende zu nennen. Trachyt fühlt sich wegen der vielen kleinen Bläschen oft rauh an. Nicht umsonst bedeutet *trachýs* im Griechischen rauh.

Die Einsprenglinge können hin und wieder im Handstück erkannt werden und zeichnen dann oft Fließstrukturen der einstigen Schmelze nach. Die zahllosen leistenförmigen Kristalle sind mehr oder weniger parallel ausgerichtet und verleihen dem Gestein sein typisches *trachytisches* Gefüge.

Alkalifeldspat ist das vorherrschende Mineral und tritt in den Varietäten Sanidin und Anorthoklas auf; im Handstück sind sie aber von anderen Alkalifeldspäten kaum zu unterscheiden. Quarz und Plagioklas können in kleinen Mengen kristallisieren, können aber auch fehlen. Kleine, gut geformte Biotitflitter finden sich zusammen mit etwas Hornblende. Manche Trachyte enthalten auch seltene Natrium-Amphibolite von blauer Farbe. Kleine Beimengungen von Pyroxen und Olivin lassen sich ebenfalls feststellen. Quarzuntersättigte Trachyte, sogenannte *Phonolite*, führen in der Regel Foide. Die feinkörnige, helle Grundmasse besteht vorwiegend aus Alkalifeldspat.

Vorkommen

Trachyte treten in Form von Gängen, Quellkuppen, Domen oder kurzen und mächtigen Lavaströmen auf. Die Trachytlava ist zäh und kaum fließfähig, so daß austretende Lava keine großen Flächen überdeckt. Das Landschaftsbild wird von Trachytergüssen kaum geprägt; eher schon durch Gänge, Quellkuppen und Dome, da sie sehr hart sind und nicht so leicht verwittern wie das Nebengestein. Bekannt für Trachyte ist die Gegend um den Drachenfels im Siebengebirge, der nördliche Odenwald, der Westerwald und die südliche Lahngegend. Ferner finden wir sie in der Auvergne und in den Phlegräischen Feldern bei Neapel.

Mineralogie

Die Haupt- und Begleitminerale der Trachyte sind dieselben wie die der Syenite (→ S. 84). Im Handstück offenbaren sich dem Betrachter aber nur die größerer Einsprenglinge. Auf die Beschreibung der verschiedenen Foide wird hier verzichtet, da sie sich im Handstück einer Analyse entziehen.

Biotit

Plagioklas

Hornblende

5 cm

5 cm

Quarz

Hornblendetrachyt

Biotittrachyt
(Domit)

Trachyt

porphyrischer
Trachyt

Sanidintrachyt

Trachyt

Diorite

Es sind Plutonite mittlerer bis gröberer Körnung und intermediärem Chemismus. Sie sind im allgemeinen dunkler als die Granitgesteine und Syenite; ihre Färbung variiert von mesokrat bis melanokrat. Diorite wirken im Handstück deutlich schwarz oder dunkelgrün mit weißen Flecken. Die helleren bzw. dunkleren Minerale häufen sich zu unregelmäßigen Wolken oder mitunter auch zu ausgeprägten Lagen.

Mineralogie

Der dioritische Mineralbestand ist relativ einfach. Beläuft sich Quarz auf nur 2 bis 3 Prozent, handelt es sich um einen *Quarzdiorit*. Biotit nimmt in beiden Varietäten einen Gutteil des Mineralanteils ein. Die Quarzdiorite sind etwas heller als die normalen Diorite.

Unter den hellen dioritischen Bestandteilen domininieren die Plagioklase, insbesondere Oligoklas und Andesin; trotz ihrer gut entwickelten Kristallformen können sie im Handstück allein nicht identifiziert werden. Die Quarzarmut unterscheidet die Diorite eindeutig von den Graniten, während die Vorherrschaft der Plagioklase ein gutes Kennzeichen gegenüber den Syeniten, die reich an Alkalifeldspat sind, darstellt.

Alkalifeldspat, entweder in Form von Orthoklas oder von Mikroklin, ist – wenn überhaupt vorhanden – rar. An dunklen Gemengteilen sind die Diorite jedenfalls reicher als die Granite und Syenite. Das charakteristische dunkle (*mafische*) Mineral der Diorite ist die Hornblende, die als gut kristallisierte, dunkelgrüne, schwarze oder braune Prismen vorliegt. In manchen melanokraten Dioriten kann die Hornblende die Plagioklase als dominierende Minerale sogar ablösen. Biotit, in kleinen Flittern anzutreffen, erreicht nicht den Anteil der Hornblende; in Quarzdioriten ist er dagegen häufiger.

Andere mafische Minerale sind Pyroxen und Olivin, sie erlangen aber nur selten nennenswerte Prozentanteile.

Struktur

Die meisten Diorite sind in etwa gleichkörnig. Das Auftreten der hellen bzw. dunklen Gemengteile in Wolken täuscht eine weit gröbere Kornstruktur vor. Porphyrische Strukturen kommen vor, bei denen die Einsprenglinge im wesentlichen von Plagioklas, Hornblende oder Biotit gestellt werden. Auch poikiloblastische Strukturen sind zu beobachten, wobei die Hornblende teilweise oder ganz die Plagioklaseinsprenglinge umschließt. Die Kornstruktur ist recht variabel, was auch ohne weiteres im Handstück erkannt werden kann. Fremdeinschlüsse (*Xenolithe*) sind nicht selten; wenn sie nicht zu sehr korrodiert oder gar rekristallisiert sind, geben sie wertvolle Hinweise auf die Art des Nebengesteins, in das der Diorit eingedrungen ist.

Markfieldit

Diorit

Diorit mit Hornblende-
einsprenglingen

5 cm

porphyrischer
Mikrodiorit

Diorit mit
Quarz und Biotit

angewitterter Mikrodiorit

hornblendereicher Diorit

Vorkommen

Diorite bilden weder häufige noch große Intrusionskörper. Bevorzugte Formen sind kleine Gänge und Quellkuppen, seltener größere Gänge und Lagergänge. Oft liegen sie an der Peripherie ausgedehnter Granodiorit- und Gabbroplutone. Die Aufschlüsse sind gewöhnlich etwas verwittert, so daß auf frisches Material besonders geachtet werden muß.

Diorite und ihre Varietäten finden wir bei St. Wendel (Nahe), im Pfälzer Bergland, im Regensburger und Passauer Wald, im Fichtelgebirge (*Redwitzit*) und im Odenwald. Ferner in Südnorwegen, Nordirland, Schottland, Jersey und Guernsey.

Mikrodiorite. Sie sind mineralogisch mit den Dioriten identisch, haben aber ein feineres Korn. Viele sind porphyrischer Struktur mit Plagioklas, Hornblende oder Biotit als Einsprenglinge. Die umgebende Grundmasse ist so feinkörnig, daß mit freiem Auge kaum Minerale ausgemacht werden können. Solche Gesteine bilden oftmals Gänge und Lagergänge; die subvulkanischen Mikrodiorite in der Pfalz sowie jene im Gefolge der Granodiorite von Lausitz und Riesengebirge sind treffende Beispiele. *Porphyrische* Mikrodiorite sind in Schottland bekannt geworden, wo sie als *Porphyrite* bezeichnet werden (Glencoe/Ben Nevis, Cheviot Hills, Galloway). Sogenannte *Markfieldite* (→ S. 89) aus Markfield, Leicestershire, sind porphyrische quarzhaltige Mikrodiorite.

Hauptminerale

Plagioklas, Hornblende und Biotit sind die Hauptminerale der Diorite und Mikrodiorite.

Plagioklas. Prismatische oder tafelige Formen zeichnen die Plagioklase aus, doch kommen auch massige Aggregate vor. Neben hellgrau oder weiß als Hauptfarbe kann ein Stich ins Rötliche auftreten. Der Strich ist weiß, die beiden vollkommenen Spaltebenen zeigen einen glasartigen Glanz. Mit dem Messer ist Plagioklas ritzbar (Härte 6). Die weiße bis hellgraue Farbe ist ein sicheres Unterscheidungsmerkmal gegenüber dem rosafarbenen Kalifeldspat.

Hornblende. Ihre Farbe reicht von dunkelgrün über braun bis schwarz. Die beiden Spaltebenen der prismatischen Kristalle kreuzen sich unter 124°. Der sechseckige Querschnitt, der hornartige Glasglanz und die Härte (5 bis 6) sind weitere Diagnosemerkmale.

Begleitminerale

Pyroxen und Olivin (→ S. 100), Quarz, Orthoklas, Apatit, Zirkon, Titanit, Pyrit, Kupferkies und Magnetit sind die wichtigsten Akzessorien.

Plagioklas

Hornblende

Biotit

5 cm

Diorit

Quarz

Apatit

Zirkon

Titanit

Augit

Kupferkies

körniges
Magnetitaggregat

Pyrit

Andesite

Andesite sind feinkörnige, chemisch intermediäre Vulkanite; ihre intrusiven Äquivalentgesteine sind die Diorite, mit denen sie die gleiche Mineralogie besitzen. Ihr farblicher Gesamteindruck ist dunkel, er schwankt zwischen mesokrat und melanokrat, in seltenen Fällen auch leukokrat. In Handstücken reicht die Farbe von schwarz bis grün, dunkelrot, braun, purpur und grau. Die Anwesenheit von hellen Einsprenglingen, die in einer feinkörnigen und dunklen Matrix sitzen, verleiht den Andesiten ein geflecktes Aussehen. Nur die Einsprenglinge erlauben daher auch eine Identifizierung im Handstück. Der Mineralbestand der Grundmasse läßt sich nicht einmal mit der Lupe erkennen.

Mineralogie

Das wichtigste Hauptmineral ist der Plagioklas, den man als weiße oder graue Einsprenglinge und als kleine Plagioklasleisten in der Matrix vorfindet. Er tritt in Form von Andesin und Oligoklas auf und kann zwischen 60 und 70 Prozent des Mineralbestands ausmachen. Kleine Alkalifeldspatkristalle sind in aller Regel seltene Komponenten der Matrix. Etwas freier Quarz ist auch vorhanden, nie aber als Einsprenglinge.

Dunkle Gemengteile, insbesondere die Pyroxene, sind häufig. Augit und Hypersthen bilden Einsprenglinge, sind aber auch in der Grundmasse vorhanden. Auch Enstatit wird bisweilen beobachtet. Eine Unterscheidung dieser Minerale im Handstück bereitet stets Schwierigkeiten.

Weitere dunkle Minerale sind Hornblende, Biotit und Olivin. Letzterer tritt nie häufig auf, kann aber in mehr basischen (siliziumärmer als normale Andesite) und dunkleren Andesiten Einsprenglinge ausbilden; man nennt sie deshalb *Olivinandesite*. Ferner kennt man *Pyroxenandesite*, die neben Plagioklaseinsprenglingen solche von Pyroxen enthalten. Ganz im Gegensatz zu ihren grobkörnigen Äquivalenten, den Dioriten, sind die Andesite an Hornblende und Biotit verarmt, führen sie aber in Ausnahmefällen als Einsprenglinge.

Die Einsprenglinge in Andesiten kristallisierten im Magma, noch bevor es als Lava die Erdoberfläche erreichte. Nicht selten reagierten sie dabei mit der heißen Schmelze und entwickelten an ihren Rändern *Reaktionssäume*, die im Handstück mit der Lupe ohne Mühe ausfindig gemacht werden können.

Struktur

Die wichtigste Strukturform der Andesite ist die porphyrische, obgleich die Matrix eher zu einer trachytischen neigt. Als Vulkanite erlitten sie rasche Abkühlung, so daß es in der Grundmasse mitunter zur Ausscheidung von Glas kommt – manchmal ist sie auch vollständig glasig. Im häufigsten Fall besteht die Matrix jedoch aus kleinsten Kristallen. In Andesiten können daneben kleine Gasbläschen eingeschlossen sein, die durch sekundäre Mineralsprossungen ausgefüllt sein können. Andesite sind sehr verwitterungsanfällig, insbesondere ein Typ, der hydrothermalen Prozessen der Spätkristallisation ausgesetzt war. Die Gesteine werden dann dumpfgrün, was auf den

verwitterter Andesit

blasiger Andesit

porphyrischer Andesit

Andesit

Andesit mit Horn-
blendeeinsprenglingen

5 cm

Andesit mit Hornblende-
einsprenglingen

Andesit

fortschreitenden Ersatz der Plagioklase und Pyroxene durch Chlorit, Epidot (und Calcit) zurückzuführen ist.

Vorkommen

Die Andesite sind nach den Basalten die häufigste Vulkanitgruppe. Verbreitet sind Lavaströme, weniger häufig subvulkanische Gänge. Wegen der leichten Verwitterbarkeit ist auf frisches Material zu achten. Die Lavadecken üben keinen nachhaltigen Einfluß auf die Landschaftsgestaltung aus, es sei denn in Form von Hochflächen, wenn sie extensiv auftreten.

Sie sind die dominierenden Vulkanite der Subduktionsgürtel, also der Anden (daher ihr Name), der nordamerikanischen Kordilleren, der Inselbögen des Pazifik und Indik, der Ägäis und der Karibik. Kleinere Vorkommen finden wir im Siebengebirge, im Rotliegenden von Pfalz und Saarland sowie im Westerwald.

Hauptminerale

Es handelt sich um intermediäre Plagioklase, Hornblende, Biotit, Pyroxen und Olivin.

Begleitminerale

Man findet Apatit, Zirkon, Magnetit und Pyrit; keines dieser Minerale ist im Handstück auszumachen.

Andesit

Andesit

Plagioklas

Hornblende

Biotit

Quarz

5 cm

Augit

körniges Olivin-
aggregat

Chlorit

Gabbros

Bei den Gabbros handelt es sich um grob- bis mittelkörnige, basische Plutonite. Wir kennen mehrere Arten, die durch ihre jeweiligen Mineralzusam-
mensetzungen und -anteile bestimmt werden, so daß der Begriff *gabbroide*
Gesteine treffender wäre. Es sind durchweg dunkle, meso- bis melanokrate
(selten sogar holomelanokrate) Gesteine. Oft sind sie gesprenkelt.

Mineralogie

Der einzige helle Bestandteil ist Plagioklas in Form von Labradorit und Bytownit in wechselnden Anteilen. In manchen Fällen erreichen sie 60 Prozent
des Mineralbestands.

Von den dunklen Mineralen der gabbroiden Gesteine sind die Pyroxene
die wichtigsten. Hypersthen und der weniger häufige Bronzit lassen sich leider im Handstück kaum auseinanderhalten. Augit tritt häufig auf; in calciumreichen Gabbros tritt an seine Stelle der Titanaugit. Für die Identifizierung im Handstück gelten hier die gleichen Schwierigkeiten.

Ein weiteres wichtiges Mineral, jedoch weniger häufig als die Pyroxene,
ist der Olivin. Er kristallisiert in kantengerundeten Kristallen. Auffällig ist
die grüne Farbe, die sich vom Dunkelgrün und Schwarz der Pyroxene leicht
abhebt.

Weniger Bedeutung erlangen die restlichen Dunkelminerale Hornblende
und Biotit. Ein dunkelbrauner Amphibol, *Kaersutit*, steht der Hornblende
nahe; er enthält Titan und entstammt calciumreichen Magmen. In den seltensten Fällen findet man freien Quarz und Alkalifeldspat – jedoch kaum
im Handstück. Als Faustregel gilt, daß Quarz und Olivin in Magmatiten *nie*
zusammen kristallisieren.

Gabbrovarietäten

Im engeren Sinn besteht Gabbro nur aus dem Plagioklas Labradorit und aus
Augit. Ist Hypersthen Bestandteil, handelt es sich um einen *Hypersthen-
Gabbro*; *Norit* ist ein Gabbrogestein, das nur Hypersthen und Plagioklase
enthält; olivinschüssige Gesteine heißen *Olivin-Gabbros*. *Troktolith* baut
sich nur aus den beiden Mineralen Labradorit und Olivin auf. Tritt Augit
zusammen mit dem Plagioklas Bytownit auf, liegt ein *Eukrit* vor.

Struktur

Gabbrogesteine sind grobkörnig kristallin. Die Kristalle sind vollkommen
verwachsen und zeigen daher kaum ihre idiomorphe Gestalt. *Mikrogabbros*
sind kleinkörnige Varietäten. Die Struktureigenschaften zeichnen ein ab-
wechslungsreiches Bild. So ist die *poikilitische* Struktur nicht selten, bei der
ein großer Einsprengling teilweise oder ganz mehrere kleine Kristalle ein-
schließt. In Gabbros sind dies oft große Augite, die kleine Plagioklasleisten
einschließen. Dieser Sonderfall, der nur für diese Konstellation gilt, heißt
ophitische Struktur. Insbesondere in feinkörnigen basischen Gesteinen, wie
den Doleriten (→ S. 102), tritt diese Struktur sehr häufig auf.

Selten dagegen sind porphyrische Strukturen. Troktolithe scheinen sie zu
haben, doch täuschen dunkle Olivinkristalle durch Herausragen aus einer

Troktolith

Gabbro

5 cm

Norit

Eukrit

Gabbro

Quarzgabbro

Melagabbro

Masse von grauen Plagioklasaggregaten dies vor; deshalb auch der volkstümliche Name »Forellenstein«. Tatsächlich haben die Plagioklase in etwa dieselbe Korngröße wie die Olivine.

Lagentextur

Viele basische Intrusionen weisen eine großflächige Schicht- oder Lagentextur auf, die durch die Konzentrierung einzelner Mineralarten hervorgerufen wird. Insbesondere in langsam abkühlenden Magmen kommt es zu diesem Phänomen.

Nimmt die Temperatur eines intrudierten basischen Magmas sehr langsam ab, kristallisiert Olivin zuerst aus. Die dichten Minerale sinken aufgrund der niedrigen Viskosität allmählich auf den Intrusionsboden ab und reichern sich dort an. Dann folgen die Pyroxene. Die weniger dichten Plagioklase bleiben eher in der Schwebe, als daß sie absinken. Anders Chromit, ein sehr dichtes Mineral, das sich oft zusammen mit dem Olivin und den Pyroxenen basal anreichert und wertvolle Lagerstätten bildet. Die Dicke der Lagen schwankt zwischen 1 und 30 cm, die sich in rhythmischer Regelmäßigkeit, offensichtlich aufgrund weiterer Magmenzufuhren, wiederholen. Diese *Layered intrusions* (engl. geschichtete Intrusionen) entwickeln sogar Kreuzschichtung, die wir eigentlich nur aus dem Sedimentmilieu kennen. Ein riesiger geschichteter Intrusionskomplex ist der Bushveld-Pluton in Südafrika mit seinen reichhaltigen Chromit- und berühmten Platinbändern.

Vorkommen

Gabbrogesteine verwittern leicht unter rotbrauner, rostfarbener Krustenbildung; dies geht auf den relativ hohen Mineraleisengehalt zurück. Im frischen Zustand macht es große Mühe, Handstücke zu gewinnen.

Gabbrogesteine bilden vielfältige, meist sehr ausgedehnte Intrusionsformen wie Lakkolithe oder Lopolithe (→ S. 23). So schätzt man den Rauminhalt des Duluth-Lopolithen in Minnesota auf etwa 200 000 km³ Gestein. Solche Massen prägen die Landschaft nachhaltig und bilden gewöhnlich Hochflächen.

Gabbroide Gesteine sind weltweit verbreitet. Beispiele sind die geschichteten Plutone von Skaergaard (Ostgrönland), der Bushveld-Komplex (s. o.), der Stillwater-Komplex (Montana) und der Pluton von Sudbury (Kanada) mit seinen Nickel/Platin-Lagerstätten. Hierzulande haben wir Gabbrogesteine im Harz (Bad Harzburg), im Odenwald und bei Furth im Wald (tschechische Grenze).

Hauptminerale

Zu den Hauptmineralen zählen Labradorit und Bytownit, Pyroxen und Olivin, mit weniger Bedeutung Hornblende und Biotit.

Plagioklas. Die häufigere Abart ist Labradorit. Obwohl es beinahe unmöglich ist, Plagioklasarten im Handstück zu unterscheiden, kann man den Labradorit manchmal aufgrund seiner typischen Blau- und Grünschillereffekte entdecken.

geschichteter Gabbro

5 cm

Olivingabbro

knolliger Chromit

Hypersthengabbro

Chromitbänder in
verwittertem Gabbro

Hypersthengabbro

Gabbro

Pyroxen. Hypersthen kann an seinen unregelmäßig braunschwarzen Kristallen erkannt werden. Die Varietät Bronzit ist bronzefarbig. Hypersthen hat einen weißen Strich und einen glasigen Glanz. Mit etwas Glück entdeckt man die beiden rechtwinklig zueinander stehenden Spaltflächen. Ritzen mit dem Messer (Härte 6) kann man nur mit Mühe. Schöne Augite haben quadratische oder achteckige Querschnitte und sind meist dunkelgrün gefärbt. Sonst ähnelt Augit dem Hypersthen, so daß die beiden Pyroxene nicht gerade leicht unterscheidbar sind.

Olivin. Idiomorphe Kristalle sind rar. Gewöhnlich ist er olivgrün (sein bestes Diagnosemerkmal), kann aber auch weiß, rot, braun oder schwarz sein. Die Spaltbarkeit ist unvollkommen; der Strich ist weiß, der Glanz glasig. Mit dem Messer ist er nur schwer ritzbar (Härte 6,5). Hydrothermale Lösungen wandeln ihn leicht zu Serpentin um.

Serpentin. In zwei Strukturformen tritt Serpentin auf: Chrysotil (Faserserpentin) und Antigorit (Blätterserpentin); man findet sie folglich faserig oder in massigen Aggregaten. Die Farben wechseln von grün zu bräunlichgelb und grau, ebenso ändert sich die Härte (4 bis 6). Massige Aggregate haben Fettglanz, faserige zeigen seidigen Glanz.

Begleitminerale

Quarz, Alkalifeldspat, Apatit, Zirkon, Pyrit, Kupferkies, Titanit, Spinell und Chromit ist die Reihe der gängigen Akzessorien.

Spinell. Gut kristallisierte Exemplare sind achteckig, jedoch ist massiges Auftreten die Regel. Die Kristalle können rot, blau, grün, braun, schwarz oder farblos und durchsichtig sein. Der Glanz ist glasig, der Strich weiß und eine Spaltbarkeit fehlt. Bei Härte 8 ist ein Ritzen nicht möglich. Kristallform und Härte sind die beiden Diagnosemerkmale.

Chromit. Chromit bildet meist derbe, braunschwarze Aggregate. Die Kristalle weisen keine Spaltflächen auf, zeigen einen metallischen Glanz und liefern einen dunkelbraunen Strich. Das spezifische Gewicht ist mit über 7 sehr hoch; die Härte liegt bei 5,5. Bis auf den Strich ähneln diese Eigenschaften denen des Magnetits.

Labradorit
(Plagioklas)

Hypersthen

Bronzit

Augit

Plagioklas

Olivinaggregat

Hornblende

Serpentin

Gabbro

Biotit

Spinell

1 cm

Kupferkies

Pyrit

Apatit

Chromit

5 cm

Dolerit (Diabas)

Dolerit ist ein basischer, mittelkörniger Plutonit des hypabyssischen Bereichs. Gabbros sind gröber, Basalte feiner im Kristallkorn. In Nordamerika sagt man für Dolerit Diabas, in Europa versteht man unter Diabasen schwachmetamorphe Basalte und Dolerite.

Mineralogie
Dolerite haben dieselbe relative Mineralzusammensetzung wie die Gabbrogesteine mit den Hauptmineralen Plagioklas, Pyroxen und Olivin. Die Farbskala reicht von mesokrat bis melanokrat; sie sind stets schwarzweiß gesprenkelt, was auf die regellose Verteilung der Hell- und Dunkelminerale zurückgeht. Die wechselnde Korngröße lehnt sich oft an die der Gabbros an.
Dolerite weisen manchmal einen kleinen Anteil Quarz auf. Kühlten sie schnell ab, führen sie auch etwas braunes Glas. Beides ist jedoch in Handstücken nicht zu erkennen. Ferner können Hornblende und Biotit, etwas Alkalifeldspat und Eisenerze zugegen sein.

Struktur
Die Gesteine wirken körnig, porphyrische Strukturen sind selten. Oft ist eine ophitische Struktur entwickelt, die mit der Lupe entdeckt werden kann. Kleine Entgasungshohlräume, bisweilen mit Calcit oder Zeolithen ausgekleidet (Mandelsteine), findet man gelegentlich.

Vorkommen
Dolerite und Diabase »verrosten« leicht. Die Aufschlüsse erkennt man an ihren rostbraunen Krusten, aus denen die Plagioklase etwas herausragen. Solche Krusten haben ein narbiges Aussehen, obwohl die Aufschlüsse selbst eher glatt wirken und kaum scharfe Kanten aufweisen. Infolge dieser Aufschlußeigenschaften ist es nicht ganz einfach, frischen Dolerit zu schlagen. Mit Hilfe der oft vorhandenen Klüftung wird es mit etwas Geduld dennoch gelingen.
Dolerite und Diabase sind ausgesprochene Ganggesteine am Rand größerer Gabbrointrusionen. Dort können sie als Gangschwärme in Hunderten einzelner Gänge auftreten (→ S. 23). Landschaftsbildner sind sie insofern, als sie aufgrund ihrer Härte exponierte Felsformen entwickeln. Fundorte sind im Rheinischen Schiefergebirge im Lahn/Dill-Gebiet, im Sauerland, im Frankenwald, in der Münchberger Gneismasse und im Harz. Große Gänge sind der Palisaden-Lagergang (Palisade Sill) nahe New York, weitere doleritische Gänge befinden sich auf Tasmanien, sowie in Südafrika (Karroo).

Dolerit

Diabas

5 cm

Olivindolerit

Olivindolerit

Dolerit mit
Verwitterungskruste

Basalte

Basalte sind basische, feinkörnige und sehr dunkle (melanokrate) Vulkanite. Die Farben bewegen sich zwischen schwarz und grauschwarz, man kennt aber auch Basalte, die einen Stich ins Rote oder Grüne zeigen. Allein mit dem Auge oder mit der Lupe lassen sich die einzelnen Basaltminerale nicht erkennen. Nur in Ausnahmefällen stecken größere Einsprenglinge im Gestein.

Mineralogie

Der Mineralbestand gleicht in etwa einem Gabbro, was aber am Handstück nicht überprüft werden kann. Die typische basaltische Mineralassoziation ist Plagioklas (als Labradorit, Bytownit und Anorthit), Pyroxen, Eisenerz und Olivin, der in manchen Basalten fehlen kann. Je nach Anteil der einzelnen Mineralarten werden die Basalte in verschiedene Unterarten eingeteilt. Wiederum gilt hier, daß diese Einteilung bei der Handstückuntersuchung nicht überprüft werden kann.

Der in den Basalten kristallisierte Plagioklas tritt meist entweder als Labradorit oder als Bytownit auf; beide sind in der überaus feinkörnigen Matrix als auch gelegentlich als Einsprenglinge vertreten. Wie schon aus anderen basischen Gesteinen bekannt, ist Pyroxen das vorherrschende Dunkelmineral und ist für den dunklen Gesamteindruck des Gesteins verantwortlich. Augit ist der häufigste Pyroxen, daneben kennt man Pigeonit und Titanaugit. Während die beiden letzten kaum Einsprenglinge bilden, ist dies beim Augit nicht selten. Auch finden sich hin und wieder Hypersthen-Einsprenglinge.

In den meisten Basalten ist Olivin enthalten, der aber nur in seltenen Fällen die Pyroxene an Bedeutung übertrifft. Er kristallisiert oft in Einsprenglingen, findet sich aber auch in der Matrix. Hornblende und Biotit sind eher die Ausnahme und zu unscheinbar, als daß sie im Handstück auffielen.

Eisenerzminerale sind in Basalten sehr verbreitet; insbesondere Magnetit und Ilmenit tragen sehr zum melanokraten Erscheinungsbild der Basalte bei. Als Einsprenglinge kommen sie selten vor. Quarz und Alkalifeldspat treten nur sehr sporadisch auf, obgleich manchmal sogar Einzelkristalle von Quarz im Dünnschliff gefunden werden.

Eine Einteilung der Basalte gründet vor allem auf einer quantitativen Mineraldiagnose mikroskop-optischer Methoden. Im Gelände bleibt dagegen nur die Abgrenzung des Basalts gegenüber anderen Gesteinsarten sowie die Suche nach identifizierbaren Einsprenglingen.

Struktur und andere Merkmale

Fremdeinschlüsse (Xenolithe) sind in Basalten nicht ungewöhnlich und liefern wertvolle Hinweise über die Gesteine des Aufstiegswegs, die das Magma vor seiner Eruption passierte. Unverfüllte Gasblasenhohlräume kommen häufig vor; bei sekundären Sprossungen spricht man von einem *Mandelsteinbasalt* (→ S. 107). Weiße, faserige und recht weiche Zeolithminerale sind die typischen Füllungen, ebenso Calcit und Chlorit sowie Quarzvarietäten (Achat, Chalcedon). Achatmandeln zeigen oft konzentrische,

Olivinaggregat

Hypersthen

Augit

Labradorit (Plagioklas)

Magnetitaggregat

Basalt

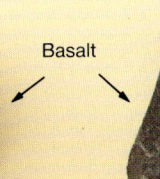

5 cm

sehr feinschichtige Schalenmuster. Braunes Glas, im Handstück nicht sichtbar, ist in manchen Basalten Bestandteil der Grundmasse.

Die Basaltstrukturen sind vielfältig und können nicht in vollem Umfang im Gelände beobachtet werden. Porphyrischer Basalt ist häufig, wobei die Grundmasse oft trachytisch ausgebildet ist. Gelegentlich ballen sich mehrere Einsprenglinge zu Haufen zusammen, die einen einzigen Großkristall vortäuschen. Diese *glomeroporphyrische* Struktur ist nicht allein auf Basalte beschränkt, sondern kann in allen Porphyrgesteinen auftauchen. Verwechseln Sie nicht die porphyrischen Basalte mit den ihnen sehr ähnlichen Mandelsteinbasalten.

Im allgemeinen wirken die meisten Basalte im Handstück körnig.

Lavaströme

Die Basaltgesteine sind die verbreitetsten Vulkanite; ihre Gesamtfläche nimmt mehr ein, als alle anderen Vulkangesteine zusammen. Meist liegen sie in Form ausgedehnter Lavaströme vor. Basaltlaven sind sehr heiß und wenig zäh und sind in der Lage, bei den oft gewaltigen Eruptionsmengen viele Quadratkilometer Erdoberfläche zu überdecken. So nehmen die Flutbasalte des Paraná-Beckens (Südamerika) eine Fläche von 1,2 Millionen km^2 ein. Beim Ausbruch haben die Laven Temperaturen um 1100 °C oder heißer. Beim Fließen kühlen sie schnell ab und werden immer zäher. Die Lavaoberfläche wird im Kontakt mit der Luft schneller kalt und bildet eine Kruste; ist sie dünn, gleicht sie einer Haut – ist sie dicker, erhält sie ein mehr rauhes und zerklüftetes Äußeres. Die dünnere Variante ist besonders gut an den Lavaströmen der hawaiianischen Vulkane (in Italien am Vesuv) zu beobachten. Durch ihre in Wülste gelegte »Haut« erweckt sie den Eindruck aneinandergereihter Seilstücke – daher ihr volkstümlicher Name *Stricklava* oder auf polynesisch *Pahoehoe-Lava*. Die zerklüftete Lavaform ist häufiger zu sehen – etwa am Ätna – und heißt *Blocklava* oder polynesisch *Aa-Lava*. Beide Lavaarten findet man sowohl an jungen Lavaströmen der letzten 10 000 Jahre als auch an alten Lavadecken. Junge Basaltströme sind oft noch mit anderen Vulkanprodukten wie Aschen vergesellschaftet.

Klüftung. Beim Abkühlungsvorgang schrumpft das erstarrende Gestein, es bildet *Schwund-* und *Schrumpfungsrisse*, die sich zu *Klüften* erweitern. In mächtigen Basaltkomplexen ordnet sich das Kluftsystem zu regelmäßigen vier-, fünf-, sechs-, sieben- oder achteckigen Säulen von etwa 60 cm Querschnitt an. Solche *säuligen Absonderungen* finden sich in herrlichen Beispielen im Westerwald (bei Nentershausen und Kausen), in der Rhön; in Nordirland liegt der berühmte Basaltsäulenaufschluß Giant's Causeway, und Fingal's Cave auf der Insel Staffa steht dem in nichts nach.

Kissenlava. Basaltlaven werden untermeerisch ständig an den weltumspannenden mittelozeanischen Rücken der Ozeane als *Pillow lava* (engl. Kissen) gefördert (→ S. 21). Wegen der Abschreckung sind die äußeren Kissenschichten sehr feinkörnig und enthalten oft Glas sowie Gasbläschenhohlräume, die zu konzentrischen Ringen angeordnet sind. Man kennt bis zu 3 Milliarden Jahre alte Pillows.

Zeolith

Calcit

blasiger Basalt

5 cm

Arten von Mandelsteinbasalt

Vorkommen

Die Basaltgesteine verwittern sehr leicht. Daran sind in erster Linie der Olivin, der sehr leicht zu Serpentin und anderen Mineralen verwittert, sowie die Pyroxene, die zu Chlorit degradieren, schuld. Solche Gesteine obliegen oft einer sphäroidalen (kugelschaligen) Verwitterung. Die meist rostbraunen Verwitterungskrusten platzen in zwiebelschaligen Schichten ab und verursachen ein gerundetes Erscheinungsbild. Insbesondere die klüftigen Basalte neigen dazu. Nichtsdestotrotz sind sie sehr harte Gesteine und lassen daher oft erhabene Felsformen entstehen. Basaltareale wie die erwähnten Paraná-Vulkanite werden wegen ihrer plateauartigen Ausdehnung auch als *Plateau-Basalte* bezeichnet. Daneben ist noch der gleichbedeutende Begriff *Trapp-Basalte* üblich. Überdies bilden die Basalte auch häufig Gänge und Lagergänge (Sills).

Untermeerisch eruptierte Basalte wie die Pillowlaven altern gern zu *Spiliten*. Die Mineralumwandlungen sind sehr komplex und spielen sich, vereinfacht dargestellt, etwa so ab: Labradorit wandelt sich in eine andere Plagioklasform, den Albit, um; Olivin und Pyroxen werden durch Chlorit ersetzt, der für die grünliche Spilitfarbe verantwortlich zeichnet. Augit kann unbeeinflußt bleiben.

Die weitverbreitete Klüftung zusammen mit den verwitterungsbedingten Zerfallserscheinungen läßt eine leichte Probenahme zu. Jedoch sollten Aufschlüsse mit schönen Basaltsäulen oder Pillow-Laven unbedingt geschont und niemals Stücke abgeschlagen werden.

In der Bundesrepublik finden wir Basalt im Westerwald, im Siebengebirge, im Hessischen Bergland, in der Eifel, am Vogelsberg, in der Rhön, am Kaiserstuhl und im Hegau. Gewaltige Plateau- und Trappdecken aus Basalten sind das Dekkan in Indien, das Paraná-Becken (Südamerika), das Karroo-Plateau (Südafrika), der Nordwesten der USA und das Sibirische Bergland. In Europa finden sich Basalte in Nordirland, auf Island, in Zentralfrankreich und in der Türkei. Spilite finden wir in den Schweizer Westalpen oder auch in den Ostalpen (Österreich).

Die berühmten Basaltsäulen von Giant's Causeway in Antrim (Nordirland).

kavernöser Basalt mit
Olivineinsprenglingen

Oberflächenstruktur
einer Stricklava

Basalt mit Olivin-
einsprenglingen,
Gasblasenhohlräumen
und Entgasungsröhren

Basalt mit Pyroxen-
einsprenglingen

Spilit

kavernöser
porphyrischer Basalt

Basalt

5 cm

Ultrabasite

Ultrabasite enthalten weniger als 45 Prozent SiO_2. Es gibt jedoch Gesteine, die man zwar aufgrund ihrer Mineralzusammensetzung als Ultrabasite taxieren würde, andererseits aber mehr als 45 Prozent SiO_2 bergen. Die meisten Ultrabasite sind dunkle, vollkristalline und grobkörnige Intrusivgesteine; vulkanische Äquivalente fehlen nahezu. Wegen ihrer Vorherrschaft an mafischen Mineralen mit hohen Magnesium- und Eisengehalten sind sie als holomelanokrat zu bezeichnen. Deshalb spricht man auch von *ultramafischen* Gesteinen.

Die Ultramafite bilden eine mannigfaltige Gruppe mit recht seltenen Gesteinsarten. Viele finden sich in geschichteten Intrusionen und manche sind gar monomineralisch. Drei Hauptgruppen sind zu beachten: Die *Peridotite*, die monomineralischen Ultrabasite wie *Pyroxenite* und *Hornblendite* und als vulkanische Vertreter die *Pikrite*.

Peridotite

Plagioklase fehlen hier völlig, dafür ist Olivin das vorherrschende Mineral. Ist nur Olivin zugegen, spricht man von *Duniten* oder *Oliviniten*. Infolge des Olivinreichtums sind Dunite im Handstück grün und körnig. In manchen Duniten ist Chromit begleitend; entweder verteilt er sich in unregelmäßigen Flecken oder konzentriert sich in diffusen Bändern verschiedener Breite.

Neben dem Olivin enthalten die Peridotite weitere mafische Minerale. Bronzit ist in den *Bronzitperidotiten* häufig, aber nie dominant; sie sind die verbreitetsten Peridotite. Hypersthen ist ebenso zugegen wie Augit und manche Peridotite führen beide Pyroxene neben Olivin. Selten findet man Hornblende. Andere Arten enthalten Glimmer (*Glimmerperidotit*), etwa den ungewöhnlichen *Phlogopit* mit blaßen, gelbbraunen Farben. Von besonderem Interesse ist der Glimmerperidotit *Kimberlit*, da er als Akzessorien Diamanten führt; er kommt in *Pipes*, vulkanischen Durchschlagröhren als Folge gewaltiger Gasexplosionen, vor. *Granatperidotite* enthalten Granate wie den dunkelroten Pyrop, während *Alkaliperidotite* calciumreiche Pyroxene und Amphibole führen.

Peridotite und Dunite sind wegen des reichlichen Olivins, der meist zu Serpentin (→ S. 100) degradiert, sehr sensibel gegenüber Umwandlungen. Gleiches gilt in abgeschwächter Form für die Pyroxene. Stark serpentinisierte Peridotite nennt man daher *Serpentinite*. Es sind hell-graugrüne, rötlich geäderte, oft gebänderte oder marmorierte Gesteine. Die Zentralalpen bieten viele Fundstellen für Serpentinit.

Monomineralische Ultrabasite

Pyroxenite und Hornblendite als prominente Vertreter dieser Ein-Mineral-Gesteine werden unter der Gruppe der *Perknite* zusammengefaßt. Wichtigstes Merkmal ist ihr Bestand aus fast nur mafischen Mineralen (außer Olivin), z. B. Pyroxene oder Amphibole. Sie bilden kleinere Intrusionen, häufiger jedoch sind sie Bestandteil geschichteter Intrusionen (→ S. 98). Die Korngröße variiert von mittel bis grob und ihre Struktur ist als körnig zu bezeichnen. Obwohl der Name Pyroxenite oder Hornblendite eine mono-

Olivin

Bronzit

Hypersthen

Augit

Hornblende

Phlogopit

5 cm

Peridotit

Bronzitperidotit

mineralische Natur suggeriert, sind begleitende Minerale keine Seltenheit. Die akzessorischen Minerale der Pyroxenite dienen oftmals dazu, sie genauer zu beschreiben: So enthält *Hornblendepyroxenit* eben Hornblende, *Glimmerpyroxenit* Biotit, desgleichen gilt für *Spinellpyroxenit* bzw. *Olivinpyroxenit*, ein Übergangsgestein zwischen Pyroxenit und Peridotit.

Bronzitit. Dies ist der häufigste Pyroxenit. Fast sein ganzer Mineralbestand ist das Mineral Bronzit. Im Handstück zeigt es erwartungsgemäß einen bronzegelben Glanz. Jegliche Begleitminerale werden von den Bronziten poikilitisch umschlossen. Bronzitite sind als Schichten in dem großen Bushveld-Pluton häufig vertreten; innerhalb der Bronzitite ist das berühmte platinhaltige Merensky-Reef eingeschaltet. In enger Gesellschaft der Bronzitite befinden sich Bänder aus purem Chromit, die *Chromitite*.

Begleitminerale der Bronzitite sind in der Regel Plagioklase sowie Pyroxene von leuchtend smaragdgrüner Farbe. Andere Pyroxene wie Enstatit und Hypersthen können auch eine dominierende Rolle in Pyroxeniten spielen, erreichen jedoch nie die Bedeutung des Bronzits.

Websterit. Dieses ultrabasische Gestein setzt sich aus verschiedenen Pyroxenarten wie Hypersthen, Augit und Diopsid zusammen; benannt ist es nach der Typlokalität Webster in Nord-Carolina. Manche Geologen ziehen aussagekräftigere Bezeichnungen wie *Augit-Hypersthen-Pyroxenit* vor.

Hornblendite. Es sind sehr dunkle Gesteine, sie bestehen fast ausschließlich aus Hornblende und kommen zuweilen im Gefolge mit Dioriten, Gabbros und anderen Ultrabasiten vor, wo sie bevorzugt kleine Intrusionen oder Gänge bilden. Pyroxene und Olivine sind die gängigen Akzessorien.

Glimmerite. Glimmerite sind recht seltene Gesteine, die durch ihr glänzendes Erscheinungsbild auffallen (→ S. 115). Sie bestehen fast nur aus einer einzigen dunklen Glimmerart, z. B. Biotit oder Phlogopit.

Pikrite

Die Merkmale der extrusiven Pikrite (→ S. 115) umfassen die Anwesenheit kleiner Plagioklasanteile (Anorthit, Bytownit), von Olivin, Pyroxen und Amphibol. Die hellen Minerale verleihen ihnen ein gesprenkeltes Aussehen. Pikrite ähneln sehr stark den Peridotiten, weshalb alle Übergänge zu ihnen existieren.

Anorthosite

Dies sind mittel- bis grobkörnige, vollkristalline Plutonite mit mehr als 90 Prozent Plagioklas der Typen Andesin und Labradorit. Akzessorische Dunkelminerale wie Pyroxene und Amphibole sind häufig. Eigentlich sind es gar keine ultramafischen Gesteine, da der sehr hohe Plagioklasgehalt sie leukokrat macht – Ultrabasite sind sie wegen des niedrigen SiO_2-Gehalts von weniger als 45 Prozent. Interessanterweise sind die Intrusivkörper, als die sie oft auftreten, nie jünger als 600 Millionen Jahre (Jungpräkambrium). Als Teillagen in den erwähnten Layered intrusions (z. B. Bushveld-Komplex) finden sich auch jüngere Anorthosite.

Dunit

Bronzitit

Serpentinit

Websterit

Pyroxenit mit
Epidotader

Chromitit

5 cm

Vorkommen

Angesichts der übergewichtigen Anteile an Olivin, Pyroxenen und Amphibolen sind die Ultrabasite leicht verwitterbar; ihre »rostigen« Krusten lassen bereits einen ersten Verdacht in diese Richtung aufkommen. Die Bergung brauchbarer frischer Stücke macht bei solchen Gesteinen immer etwas mehr Mühe, so daß Sie nach vorhandenen Rissen und Spalten Ausschau halten sollten.

Landschaftsprägend wirken sich besonders die großen, geschichteten Plutonkomplexe in Form ausgedehnter Hochplateaus aus. So bildet der riesige schüsselförmige, jedoch eben erodierte Bushveld-Pluton ein weitläufiges Hochland von 450 mal 250 km Länge.

Peridotite sind Schichtbestandteil der erwähnten großen Layered intrusions (Bushveld-, Stillwater-, Skaergaard-Pluton). In kleinerem Rahmen bilden sie Schuppen und tektonische Decken in Faltengebirgen (Ivrea-Zone der Alpen, Ural, Appalachen). Ferner sind Fundstellen in Cornwall, auf der Insel Skye, bei Vampula in Finnland und in der Serra de Ronda in Südspanien.

Pyroxenite als Schichtkörper der Layered intrusions haben wir kennengelernt; weiters am Lac de Lherz in den Pyrenäen und in den USA (Webster/Nord-Carolina, Iron Hill/Colorado, Cecil County/Maryland).

Für die Hornblendite gilt im Grunde das Gesagte; die Fundstelle am Lac de Lherz/Pyrenäen ist für Ultrabasite generell sehr bedeutsam.

Pikrite treten im Gefolge der Peridotite und Perknite auf, deren Verbreitung oben besprochen wurde. Ferner im Fichtelgebirge, in Nassau, im sächsischen Vogtland.

Die alten präkambrischen Anorthositintrusionen finden wir in Südnorwegen, in Labrador und Quebec (Kanada), untergeordnet in Sachsen, im Eulengebirge und in Mittelböhmen. Auch sind sie Begleitgesteine in den erwähnten großen Intrusivkomplexen.

Pyroxenit

Pikrit

Hornblendit

Glimmerit

5 cm

Anorthosit

Tongesteine

Die Tongesteine sind die feinkörnigsten detritischen Sedimentite; allein mit dem Auge sind einzelne Körner nicht auszumachen. Eine Einteilung dieser Gruppe basiert auf der Korngröße, für weitere Unterteilungen dienen Hauptminerale, Begleitminerale, Sedimentstrukturen und Diagenesemerkmale (→ S. 28).

Tone und Tonsteine

Bei Durchfeuchtung wird Tonstein (erhärteter Ton) plastisch und knetbar – er wird zu Ton. Schichtung ist nahezu keine entwickelt, dafür zeigt sich bisweilen eine materialbedingte Bänderung. Mit Korngrößen unter 0,002 mm gehört Tonstein zu den feinkörnigsten der Tongesteine. Plastischer Ton ist wegen der quaderförmigen Rißbildung andersartig. Die verfestigten Sedimente sind weich und oft pulverig.

Die zugehörigen *Tonminerale* sind Schichtsilikate wie die Glimmer; Unterschiede im Schichtaufbau bewirken eine starke physikochemische Variation der Tone und Tongesteine. Trotz der Kenntnisse ihrer Eigenschaften – etwa die Adsorptionsfähigkeit gegenüber Wasser – ist es oft sehr schwierig, die einzelnen Tonsorten zu unterscheiden, beispielsweise in der Familie der *Smektite*.

Tonminerale

Illit. Das verbreitetste Tonmineral in Sedimenten und Böden ist der farblose bis gelblichbraune Illit. Er ist eine Zwischenstufe im Verwitterungsprozeß von Feldspäten, Glimmern und anderen Silikaten im feuchthumiden Klimabereich. Während der Diagenese kann Illit sekundär wachsen.

Kaolinite. Dieser Begriff umfaßt eine farblos bis hellgelbe Mineralgruppe aus Dickit, Halloysit, Nakrit und Kaolinit mit dem letzteren als häufigsten Typ. Er bildet stapelförmige vielschichtige Kristalle und geht zumeist aus der hydrothermalen Umwandlung oder Verwitterung der Feldspäte hervor. Der im Raum Tirschenreuth (Oberpfalz) abgebaute *Kaolin*, ein Gemenge aus Kaolinit, Quarz und Feldspat, entstammt einer tiefgreifenden Verwitterung, wobei hydrothermale Einwirkungen nicht ganz auszuschließen sind. Reine, von Eisenverunreinigungen freie Kaolinite bezeichnet man als *Pfeifentone*. Auch für die Porzellanfabrikation werden hochreine Kaoline benötigt.

Smektite. Das häufigste Smektitmineral ist *Montmorillonit*, das früher dieser Gruppe seinen Namen verlieh. Sie entstehen als Verwitterungsprodukte vulkanischer Aschen und Tuffe. Tone mit hohen Montmorillonitanteilen heißen *Bentonite*, bekannt aus der Landshuter Gegend, sowie *Fuller's Earth*, etwa dem Bentonit vergleichbar. Smektite sind in der Lage, große Mengen Wasser zu adsorbieren und zu quellen. Zu den wenig verbreiteten Smektiten gehören Nontronit, Saponit und Beidellit.

Weitere Tonminerale. Es sind dies Chlorit, Glaukonit, Sepiolith und Palygorskit. Chlorit und Glaukonit sind beide grün und entwickeln Kristallgrößen, die man mit dem bloßen Auge betrachten kann. Chlorit, eigentlich ein Metamorphitmineral, kann auch aus der Umwandlung anderer Tonmine-

heller Tonstein

Pfeifenton

Bentonit

tertiärer Tonstein

Kimmeridge-Tonstein

5 cm

rale und Glimmer hervorgehen. Glaukonit ist mit Illit und Glimmern verwandt, besitzt aber einen hohen Eisengehalt. Es ist das einzige Eisenmineral, das sich gegenwärtig bildet – und zwar am Ozeanboden in Form von *Pellets* (Kügelchen).

Konkretionen

Konkretionen sind kugelige oder elliptische Körper, die man oft in Tongesteinen findet; meist sind sie klein, können aber bis 1 m Durchmesser erreichen. Eisenkonkretionen vereinigen sich mitunter zu ausgedehnten, abbauwürdigen Lagen; Beipiele sind die Minette Lothringens.

Konkretionen können sich als eine Zwischenstufe der Diagenese bilden. Zunächst beginnt der Zement um einen Kern herum in den Porenraum hineinzuwachsen. Wird zu wenig Zementmaterial nachgeliefert, kommt es nur zu einer teilweisen Sedimentverkittung, infolgedessen die Konkretionen aus dem weicheren Sediment herauswittern.

Septarien (→ S. 141) sind Konkretionen, über deren Entstehung noch erhebliche Zweifel bestehen. Im Zentrum können sie aus verschiedenen, sekundär gesproßten Mineralen bestehen.

Schieferton und Tonschiefer

Wenn Tone unter steigendem Druck verfestigt werden, regeln sich die blättchenförmigen Tonminerale und Glimmer mit ihren Flächen senkrecht zur Druckrichtung ein – es bildet sich unter Wasserauspressung allmählich ein *Schieferton*. Dieser quillt bei Wasserkontakt im Gegensatz zu Ton und Tonstein nicht mehr. Schiefertone müssen sich nicht unbedingt aus Tonen herleiten; ihre Zusammensetzung kann stark schwanken. Oft enthalten sie erhebliche Anteile an gröberem Silt. Schwankungen in der Sedimentzufuhr kann zu feinblättrigen Ton/Silt-Wechsellagerungen mit sehr unterschiedlicher Bänderungsrhythmik führen.

Dachschiefer sind Schiefertone mit einer Schieferungsdicke in Dachziegelqualität. Sinkt der Glimmergehalt, bildet der Schieferton dickere Bänke aus, die als *Schieferplatten* Verwendung finden; es handelt sich dann meist schon um Silt- oder gar Sandsteinplatten. Dünnblättrige Schiefertone heißen dagegen *Papierschiefer*. Geht die Diagenese in eine schwache Metamorphose über, entwickelt sich aus dem Schieferton ein *Tonschiefer* mit ersten Anzeichen von Mineralumwandlungen.

Siltstein

Siltstein setzt sich aus Körnern zwischen 0,063 und 0,002 mm zusammen. Seine Mineralogie besteht aus wechselnden Anteilen Quarz, Feldspat, Glimmern, Calcit und Tonmineralen. *Löß* ist ein äolisches Staubsediment im Feinsiltbereich, das besonders während der letzten Eiszeiten aus den vegetationslosen Sanderflächen ausgeblasen und in die heutigen Steppen der mittleren Breiten verfrachtet wurde. In begrenztem Umfang haben wir Lößgebiete auch in Mitteleuropa, etwa in Niederbayern – allerdings ist der Löß hier bereits einer weitgehenden Verlehmung unterzogen worden. *Schwemmlöß* ist fluviatil aufgearbeiteter Löß.

Mergel

Schwarzschiefer

Ölschiefer

Wechsellagerung von
Silt- und Tonstein

5 cm

Schwarzschiefer

fossilreicher
Schieferton

Weitere Tongesteine

Mergel. Die Gruppe der Mergel beinhaltet alle Übergänge von den Tonen zu den Kalken. Echter Mergel besteht zwischen 35 und 65 Prozent aus Ton bzw. Kalk. Der Kalkgehalt läßt sich meist mit der Säureprobe qualitativ gut feststellen. Viele vermeintliche Kalksteine des Devons, der Trias, des Jura oder der Kreide entpuppen sich bei näherer Betrachtung als mergelige Kalksteine.

Gletschermilch. Beim Abschmelzen eines Gletschers wird sehr feines Gesteinsmehl, das durch Zerreiben von Felsbrocken im Eis und an der Gletscherbasis entsteht, durch das Schmelzwasser freigesetzt. Es färbt das Wasser helltrübe. Abgelagert bildet es oftmals die bekannten *Warven* oder *Bändertone*.

Verunreinigungen

Selbst kleinste Beimengungen an Eisenoxiden verleihen Tonsteinen oder Mergeln eine satte Färbung. Gut läßt sich das an Gleyböden im Grundwasserbereich beobachten: Während reduziertes Eisen(II)oxid unterhalb des Grundwasserspiegels die Tone graublau färbt, erscheinen im darüberliegenden Grundwasserschwankungsbereich durch den Einfluß der sauerstoffhaltigen Bodenluft die Tone durch oxidiertes Eisen(III)oxid rostbraun.

Je nach der Art der Beimengungen werden die Tone zu verschiedenen Zwecken verwendet. So enthält *Ziegelton* oder *Ziegellehm* die richtige Kombination brennfähiger Minerale. Für den Brand von *Schamotteziegeln* benötigt man feuerfeste Tone; bewährt haben sich hier die *Liegendtone* der Kohlenflöze.

Bituminöse Schiefergesteine oder *Ölschiefer* entwickeln sich aus Tonen, die reich an organischer Substanz sind. Beim Anschlagen mit dem Hammer fallen sie sofort durch ihren penetranten Geruch (»Stinkschiefer«) auf. Bildungsmilieu sind sauerstoffarme, anaerobe Schlämme in stagnierenden Gewässern (Fjorde, Schwarzes Meer, Ostsee). Ein typischer Bitumenschiefer ist der Posidonienschiefer des Lias (unterer Jura) mit pyritisierten Fossilien. Fundstellen sind in der Voralb, im Weserbergland und im Raum Wolfsburg.

Fossilien

Der feinkörnige Habitus der Tongesteine prädestiniert sie zu hervorragenden Fossiliengesteinen. Pyritisierte Fossilien der bituminösen Tongesteine laufen an der Luft an. Pflanzenabdrücke werden ebenfalls oft konserviert, insbesondere in Sedimenten des anaeroben, reduzierenden Milieus. Grund dafür ist, daß hier keine Fauna, die in der Lage gewesen wäre, die Pflanzen abzuweiden, existieren konnte.

Glaukonitmergel

Schiefer mit
Graptolithen

Pyritschiefer

pyritisierter Ammonit

Schwarzschiefer
mit Trilobiten

5 cm

Sandsteine

Die Sandsteine unterteilt man anhand ihrer relativen Gehalte an den drei wichtigsten Komponenten Quarz, Feldspat und Gesteinsbruchstücke. Mit der Lupe sind weitgehende Abschätzungen möglich.

Quarz. Wegen seiner Härte und Verwitterungsresistenz ist der Quarz das vorherrschende Sandsteinmineral; mit der Lupe kann er leicht erkannt werden (→ S. 60). Quarz leitet sich hauptsächlich aus Graniten, sauren Gneisen oder Schiefern ab. Klare und einschlußfreie Kristalle sind meist vulkanischer Herkunft, während milchige (Flüssigkeitseinschlüsse) auf Gangquarz hinweisen. Auch Quarze aus älteren, erodierten Sandsteinen können erneut an *sedimentären Zyklen* teilnehmen (→ S. 26).

Feldspat. Weicher als Quarz, spaltbar, chemisch instabiler – das macht die Feldspäte verwitterungsanfälliger (→ S. 60). Sie erscheinen auch runder als die Quarze und fallen durch ihr Rosa oder Graugrün auf. Oft erkennt man die leuchtenden Spaltflächen. Je verwitterter die Feldspäte sind, desto verkrusteter wirken sie. Letztendlich können sie zu Serizit, einer Muskovitart, zu Kaolinit und zu Illit abgebaut werden. Sie entstammen grundsätzlich denselben Ausgangsgesteinen wie der Quarz, nehmen aber, bevor sie zu Tonmineralen degradieren, nur einmal am Kreislauf teil.

Gesteinsbruchstücke. In Grobsandsteinen, Konglomeraten und Breccien dominieren die Gesteinsbruchstücke. In kleinkörnigeren Sedimenten zerfallen sie dagegen immer mehr in Einzelminerale. Sie sind daher ein wichtiger Indikator für wenig gealterte Sandsteine, etwa die im Gefolge von Turbiditen entstandenen *Grauwacken*.

Farbe

Die Sandsteinfarbe sollte vorsichtig begutachtet werden, da sie meist von stark färbenden Mineralen (Eisenoxide) vereinnahmt wird. Auch ist das frische Gestein oft völlig verschiedenfarbig von Proben aus der Verwitterungs- oder Grundwasserzone. Dabei unterscheidet sich der Eisengehalt der Verwitterungszone nicht wesentlich von dem des Ausgangsgesteins, dessen »echte« Farbe nur von der Zementart und den gesteinsbildenden Mineralen bestimmt wird. Sedimente oder Minerale mit Aluminium-, Natrium-, Kalium-, Calcium-, Magnesium- oder Bariumreichtum sind im allgemeinen weiß oder zumindest hell; dagegen färben Chrom, Mangan, Kobalt, Nickel, Titan und Vanadium die Minerale und Gesteine oft sehr stark ein. Durch Eisenoxide stark eingefärbt (von gelb bis dunkelrot) ist der bekannte Buntsandstein, ein vielerorts verwendeter Baustein (Freiburger Münster). Regensburger Grünsandstein verdankt seine Grünfärbung dem *Glaukonit*, einem grünen Eisensilikat.

Quarzsandstein

Sandsteine mit weniger als 15 Prozent Matrix heißen *Arenite*; bestehen diese zu mehr als 95 Prozent aus Quarz, heißen sie *Quarzarenite* oder *Quarzsandsteine*. Sie sind die am meisten gealterten (→ S. 30) aller Sandsteine. Die Körner sind fast alle gut gerundet, gut sortiert und haben wohl an mehreren sedimentären Zyklen teilgenommen. Quarzsandsteine sind oft Bildungen

karbonischer Sandstein

Arkose

5 cm

Grauwacke

fossilführender
Grobsandstein

Quarzarenit

Lithoarenit

des Schelfbereichs, wie etwa der Doggersandstein des Jura, die Rhätsandsteine des oberen Keuper, Sandsteine des Devons und Karbons u.a. Sind die Sandsteine verkieselt, spricht man von *sedimentären Quarziten* (im Unterschied zum echten Quarzit, der metamorph ist). Ein Beispiel dafür ist der unterdevonische Taunus-Quarzit. Übersteigt der Matrixbestand 10 Prozent, heißt das Gestein *Wacke.*

Arkose

Sandsteine mit mehr als 25 Prozent Feldspäten, mit Quarz und weniger als 50 Prozent Gesteinsbruchstücken heißen *Arkosen.* Bei Feldspatgehalten zwischen 10 und 25 Prozent liegen *Feldspatarenite* vor. Besonders in ariden Gebieten, wo die chemische Verwitterung zurücktritt, erscheinen die Feldspäte recht frisch – auch wenn geringfügig eine Umwandlung zu Kaolinit und Serizit stattfindet. Arkosen sind infolge des Feldspatgehalts oft rosa; Rotfärbung kommt von dem in Wüstengebieten verbreiteten Eisenoxidmineral *Hämatit.* Schneller, fließender Transport begünstigt die Erhaltung der Feldspäte, weswegen Arkosen oft fluviatiler Genese sind.

Lithosandstein

Hier übertrifft der Anteil an Gesteinsbruchstücken denjenigen an Feldspäten. Ein *Lithoarenit* enthält sehr wenig Matrix; die Mineralogie und der Chemismus schwanken je nach Herkunft der Gesteinsbruchstücke in weiten Grenzen. Der geringe Reifegrad geht auf hohe Sedimentationsgeschwindigkeiten und kurze Transportwege zurück. Lithoarenite treten gerne in Fluß- und Deltamilieus auf; oft nennt man sie auch *Subgrauwacken*, da sie den Grauwacken sehr stark ähneln.

Grauwacke. Dieses Gestein ist ein Lithosandstein mit fein- bis grobkörnigen, eckigen bis kantengerundeten Partikeln. Ein hoher Anteil davon sind Gesteinsbruchstücke. Grauwacken sind typisch für Flysch, der vornehmlich in rasch absinkenden Einzeltrögen im Zuge von Gebirgsbildungen sedimentierte. Die harte Matrix ist meist eine Mischung aus Glimmern und Tonmineralen und entspricht einer Tonschieferzusammensetzung. Große Absenkungstiefen und eine leichte Neigung zur Rekristallisierung machen die Grauwacken recht widerstandsfähig. Die Matrixherkunft ist unsicher, da heutige Ablagerungsräume für Grauwacken kaum toniges Material enthalten. Die Bankung schwankt zwischen 1 cm und 1 m. Bekannt sind die unterkarbonischen Grauwacken der Kulm-Fazies (Schwarzwald, Frankenwald, östliches Rheinisches Schiefergebirge).

Weitere Sandsteine

Viele Sandsteine zeichnen sich durch besondere Mineralgehalte aus; einige davon sind recht verbreitet (→ S. 129).

Glaukonitsandstein. Sehr bekannt ist der Regensburger Grünsandstein als Baustein geworden. Frisch verleiht ihm der Glaukonit (ein Eisenglimmer) eine grünliche, verwittert eine bräunliche Farbe. Gegenüber Umwelteinflüssen (saurer Regen) ist er sehr empfindlich.

Glimmersandstein. Je nach Glimmeranteil wird eine Spaltbarkeit in Sandsteinplatten vom mm- bis cm-Bereich hervorgerufen. Die Schichtflächen

Quarzarenit

kieselig zementierter
Quarzarenit (Vergr. 12x)

Quarzit

5 cm

glitzern daher oft und unter der Lupe lassen sich die Glimmerplättchen leicht ausmachen.

Phosphatische Sandsteine. Geringe Sedimentationsgeschwindigkeiten können zu einer Anreicherung von Knochenbruchstücken, Zähnen und Kotbällchen führen. Diese überaus seltenen Ablagerungen sind oft mit klastischen und karbonatischen Materialien vermischt. Durch Lösungs- und Umfällungsprozesse entstehen apatitverwandte Minerale, die als *Phosphorite* bezeichnet werden und die bedeutendsten Phosphatlagerstätten der Erde aufbauen (z. B. Nordafrika). Viele Phosphoritaufschlüsse sind in der Vergangenheit durch übereifriges »Klopfen« arg zugerichtet worden; bei einer Beprobung sollte daher dringend auf eine schonende Entnahme geachtet werden. Fundstellen an der unteren Lahn und bei Amberg.

Zement (Bindemittel)

Toniger Zement. Toniges Bindemittel geht entweder auf chemisch instabile und damit zerfallende Sandsteinkomponenten oder auf primär schlecht sortiertes Sediment zurück. Dergestalt zementierte Gesteine sind – außer bei einer gewissen Rekristallisation – nicht sonderlich stabil. Beispiele sind einige Keupersandsteine (Schilfsandstein, Burgsandstein).

Karbonatzement. Zusammen mit kieseligem (SiO_2) Bindemittel ist dies der häufigste Zement und davon ist wiederum Calcit an erster Stelle. Dolomit und andere Karbonate (z. B. Siderit = Eisenkarbonat) spielen als Zement auch noch eine gewisse Rolle. Zwei Haupttypen an Calcitzement gibt es: drusigen Kalkspat und poikilotopische Kristalle. Poröse *Kalksandsteine* (→ S. 129) sind wegen ihrer leichten Bearbeitbarkeit ein geschätzter Hausbaustein.

SiO_2-Zement. Eine Verkittung durch SiO_2 kann auf zweierlei Arten geschehen. Tiefe Versenkung drückt die Quarzkörner dicht zusammen, an den Kontakten kommt es zur Drucklösung, SiO_2 gelangt in die Porenlösungen und wird an den Kornoberflächen als Überzug wieder ausgefällt. Oder das SiO_2 wird aus siliziumreichen, im Gestein zirkulierenden Lösungen niedergeschlagen. Der SiO_2-Zement ummantelt Quarzkörner und verfestigt dadurch das Gestein ungemein. Verunreinigungen oder unvollkommene Zementierung können die Verfestigung schwächen. Manche stark verokkerten Partien des quarzarenitischen Dogger-Eisensandsteins sind sehr mürbe und ein Beispiel für die schlechte Bindefähigkeit der Eisenhydroxide.

Eisenzement. Dieses Bindemittel finden wir oft in Sedimentiten des ariden Klimabereichs. Es bildet Kornüberzüge mit schlechter Bindefestigkeit, die durch SiO_2 verbessert wird. Die bekannten Eisenschwarten des erwähnten Eisensandsteins (Dogger) sind regelrechte Flöze aus ausgefällten Eisenhydroxiden.

Breccien

Breccien (ital. Geröll) sind durch Zement verfestigte Schuttmassen aus kantigen und eckigen Komponenten. Verfestigte Schuttfächer karbonischer Kalksteinareale sind gute Beispiele für kalkige Breccien. Der alpine Wildflysch, ein chaotisches Gemenge aller möglichen Korngrößen (*Olistholith*),

Arkose

Arkose (Vergr. 12x)

Lithosandstein

Lithosandstein
(Vergr. 12x)

Grauwacke mit
gradierter Schichtung

Grauwacke
(Vergr. 12x)

Glaukonitsandstein

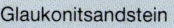

5 cm

enthält Blöcke bis Hausgröße; er ist vermutlich ein Produkt riesiger Rutschungen am Rande rasch absinkender Flyschtröge.

Als eine besondere Breccie sind Teile des salzhaltigen Haselgebirges im Berchtesgadener Land aufzufassen; die in abgeschlossenen Lagunen eingedampften Salze wurden bei der Gebirgsbildung zusammen mit tonigen und sandigen Sedimenten intensiv zerknetet.

Bei Erdbeben entlädt sich die Gesteinsspannung oft entlang schon bestehender Bruchsysteme. In deren Umgebung sind dann nicht selten Verwerfungsbreccien zu beobachten (→ S. 131).

Konglomerate

Gewissermaßen das »runde« Gegenstück zu den Breccien sind die Konglomerate, kantengerundete bis runde verfestigte Schotter. Man benennt sie oft nach der Anzahl der anteiligen Gerölltypen oder auch nach der Herkunft der Bestandteile. Unterschiede in der Struktur liefern weitere Einteilungsmerkmale, etwa Korn- oder Matrixausbildung oder die Größenordnung einzelner Komponenten. So kann es mitunter zur Bildung recht ausgefallener Gebilde kommen, wenn etwa dunkle Gerölle in einer feinsandigen und hellen Matrix stecken (→ S. 131, rechts oben).

Grundmoränen und Tillite. Grundmoränen sind Ablagerungen, die vorwiegend aus Gesteinszerreibseln bestehen, die beim Vorrücken eiszeitlicher Gletscher gebildet werden. Die betroffenen Gesteinsoberflächen werden durch die im Eis eingebetteten Felsbrocken abgerieben und dieses Gesteinsmehl wird von den unter dem Eis fließenden Schmelzwässern abtransportiert. Nach dem Abschmelzen des Gletschers sinken die im Eis eingeschlossenen Felsbrocken zu Boden und vermischen sich zu etwa zwei Drittel Gesteinsmehl und ein Drittel Gerölle und Blöcke. Das Alpenvorland ist durch seine weiten Grundmoränenlandschaften und eingelagerten Feuchtgebiete charakterisiert. *Tillite* sind fossile Grundmoränen; in vielen Teilen der Erde (Nord- und Südafrika, Arabien, Australien, Indien, Südamerika, Antarktis) geben sie Hinweise auf mehrere ältere Vereisungsperioden während der Erdgeschichte.

Schwerminerale

Läßt man sich Flußsand aus der Weser, dem Rhein oder der Salzach durch die Finger rieseln, so fallen neben Quarz und Feldspat einige wenige dunkle Mineralkörner auf. Es sind Begleitminerale, die in der Regel sehr abriebs- und verwitterungsbeständig sind. Sie werden auch *Schwerminerale* genannt, da sie höhere spezifische Gewichte als Quarz und Feldspat haben. Die häufigsten *opaken* (lichtundurchlässig) Schwerminerale sind Pyrit, Magnetit und Ilmenit, der Rest (nichtopak) verteilt sich auf Zirkon, Turmalin, Rutil, Apatit, Granat, Staurolith, Epidot und andere.

Ilmenit. Es ist ein schwarzes Eisentitanoxid mit metallischem Glanz und findet sich in länglichen, unregelmäßig geformten Körnern (im Festgestein auch derbe Massen). Von Magnetit oder Hämatit unterscheidet er sich durch die Tendenz, Skelettkristalle auszubilden sowie durch sein weißes Verwitterungsprodukt *Leukoxen*.

Glaukonitsandstein mit
Kalksteinbruchstücken

phosphatischer Sandstein

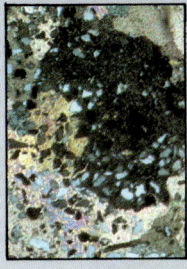

poikilotopische
Kristalle (Vergr. 12x)

drusiger Kalk-
spat (Vergr. 12x)

Kalksandstein

Glimmersandstein

Tonsandstein

5 cm

Eisenschwarte aus
Eisenhydroxiden

Eisensandstein

Schwermineralabtrennung. Im Labor benutzt man Schweretrennungsflüssigkeiten, während im Gelände eine Waschpfanne nach Art der Goldwäscherei zweckmäßig ist. Dazu wird eine flache Schüssel (Abb.), möglichst ohne Griffe, verwendet. Die eingesetzte Technik erfordert einige Übung – dann aber kann sogar Gold gewaschen werden! Geben Sie eine kleine Handvoll Sand mit etwas Wasser in die Schüssel. Neigen Sie die Schüssel bis kurz vor dem Ausfließen des Wassers. Schwenken Sie nun sanft in eine Richtung, so daß der Sand in der Ihnen abgewandten Bodenseite liegen bleibt. Beim Schwenken werden die Schwerminerale allmählich eine Art Schwanz formen. Kappen Sie ihn und geben Sie die Minerale auf ein Saugpapier zum Trocknen. Wegen der verschiedenen Abschleif- und Krustenformen lassen sich die Schwerminerale aber leider nur sehr schwer identifizieren.

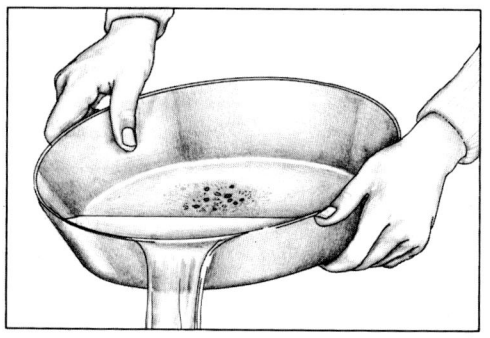

Schwermineraltrennung mit Hilfe einer Schüssel.

synsedimentäre Breccie

schlecht sortiertes
Konglomerat

Verwerfungsbreccie

Konglomerat

Sandstein mit Geröllage

5 cm

Karbonatgesteine

Ganz allgemein gesprochen überwiegt der Karbonatanteil (z. B. Calcit) in den Karbonatgesteinen alle anderen Beimengungen. Mit Essigessenzlösung gibt er sich leicht durch Aufbrausen zu erkennen. Die beiden wichtigsten Karbonatminerale sind *Calcit* und *Dolomit* neben dem schon wesentlich unbedeutenderen Eisenkarbonat *Siderit*. Calcit findet sich außerdem in einer Varietät, dem *Aragonit*.

Calcit. Dieses Mineral ist gewöhnlich farblos mit oft wolkigen Verunreinigungen und hat einen glasigen Glanz. Es tritt oftmals in sehr feinen Kristallen, die kleiner als 0,004 mm sind, als *Mikrit* auf. Mikrit ist eine Abkürzung für mikrokristalliner Calcit. Calcitkristalle größer als 0,01 mm werden *Sparit* genannt. Besondere Formen, die in Hohlräumen kristallisieren, werden volkstümlich auch Hundszahn- oder Nagelkopfcalcit genannt. Calcit hat eine Härte von 3, einen weißen Strich und eine vollkommene Spaltbarkeit nach drei im Winkel von 75° zueinander geneigten Spaltebenen. Die Kristallformen, die heftige Säurereaktion und Anfärbemethoden helfen zum Unterscheiden von Dolomit.

Aragonit. Wegen seiner schnellen Alterung in die stabilere Form Calcit ist Aragonit in Sedimentiten sehr selten. Eher findet er sich als Sekundärmineral in Hohlräumen von Basalten und Andesiten. Aragonit zeigt eine säulige, faserige Struktur mit sechsseitigem Querschnitt. Die Spaltbarkeit ist unvollkommen und parallel zur Längserstreckung. Er spaltet schlechter als Calcit, ist etwas schwerer und härter (3,5). Vermutlich war Aragonit einst reichlich in Kalksteinen vertreten, alterte aber im Lauf der Zeit zu Calcit.

Dolomit. Dieses farblose Karbonat bildet fein- bis grobkörnige Aggregate; Kristalle erscheinen in gutentwickelten Rhomben. Dolomit entsteht wohl überwiegend durch diagenetische Umwandlung von Kalksteinen (→ S. 138). Fast immer ist die ursprüngliche Struktur dadurch ausgelöscht – nur in seltensten Fällen bleiben Spuren der alten Gefügemerkmale erhalten.

Siderit. Als seltenes Begleitmineral in manchen Kalksteinen findet man dieses Eisenkarbonat. Zwar ist Eisen stets feinverteilt im Dolomit zugegen, manchmal finden sich aber auch Sideritrhomben. Schon leichte Oxidationsbedingungen lassen den Siderit zu Eisenoxidflittern zerfallen, die entlang der Korngrenzen und Spaltflächen entdeckt werden können.

Einteilung der Kalksteine
Zur Zeit klassifiziert man die Kalksteine entweder nach der Korngröße, den Kornrelationen oder den vorherrschenden Bestandteilen. In diesem Buch folgen wir einer Kombination aus dem Verhältnis der vorherrschenden Bestandteile zur Matrix, was zu Bezeichnungen wie *Oosparit* oder *Oomikrit* (→ S. 134) führt. Die Kalksteinkomponenten teilen sich in vier Gruppen auf: Mikrit, Sparit und andere Zemente, Nichtskeletteilchen und Skelettfragmente oder Fossilien.

Biomikrit

Biosparit

»Hundszahn«

Nagelkopfcalcit

Aragonit

grobspätiger Dolomit

5 cm

fein-
kristalliner
Dolomit

Mikrit
Wie schon erwähnt, ist Mikrit mikrokristalliner Calcit zwischen 0,004 und 0,001 mm Korndurchmesser. Im Verlauf der Diagenese altern diese Kristalle zu *Mikrosparit*, Kristallen größer als 0,01 mm. Sehr gleichmäßig feinkörnige und kompakte Mikrite verwendete die frühe Druckindustrie als Druckplatten (»Lithos«), wonach diese Mikrite als *Lithographenkalk* bezeichnet wurden. Die berühmtesten dieser Sorte, die *Solnhofener Plattenkalke*, bargen auch die weltbekannten Überreste des Urvogels *Archäopteryx*. Ein *Biomikrit* enthält stets Fossilreste.

Sparit und andere Zemente
Bei spärlichem oder fehlendem Mikritgehalt ist in Kalksteinen der Porenraum zwischen den Körnern oft mit Calcitzement verfüllt. Diese Calcitart nennt man *Sparit*. Die Kristalle können zusammen mit anderen Zementarten verschiedene Strukturen eingehen.

Nichtskeletteilchen
Ooide. Hier handelt es sich um kugelförmige bis runde Körner, die schichtweise um einen Kern (Quarzkorn, Fossilbruchstück) eine oder mehrere konzentrische Schale(n) aufbauen. Auf Gesteinsbruchflächen sind die Schichten sogar mit dem bloßen Auge erkennbar. Ooide haben normalerweise Durchmesser zwischen 0,2 und 1 mm. Heutzutage bilden sie sich in bewegtem Wasser bei Tiefen von rund 2 m und häufen sich zu Unterwasserdünen an. Bei nur einer Kalkschale um den Kern spricht man von *Rindenooiden*. Ein Kalkstein, der sich fast nur aus Ooiden aufbaut, heißt *Oolith*, genauer: *Oosparit* bzw. *Oomikrit*.
Bisweilen ballen sich einzelne Ooide zu größeren Kernen zusammen und entwickeln zusammengesetzte Ooide. Unter besonderen Bildungsvoraussetzungen können Ooide bis zu 10 mm dick werden und heißen dann *Pisolithe* oder auch *Calciterbsen*. Oolithische Kalksteine kennen wir aus allen Erdteilen. In der Bundesrepublik Deutschland sind als Fundstellen die Korallenoolithe im Malm des Wesergebirges bekannt.
Die Genese der Ooide ist nicht ganz geklärt. Manche Wissenschaftler plädieren für eine direkte Ausfällung aus dem Meerwasser, während andere die Mitwirkung von Bakterien oder Algen in Betracht ziehen.
Peloide. Dies sind kugelige, elliptische oder auch kantige Körner aus Mikrit. Viele elliptische Peloide sind Kotpillen oder Koprolithe von Meerestieren. Andere sind herkunftsmäßig nicht zu beurteilen; es kann sich um *Intraklaste* oder vermutlich um mikritisierte Fossilreste handeln. Auf dem Meeresboden liegende Fossilfragmente werden von *Algen* angebohrt. Bei ihrem Absterben hinterlassen sie eine mikroskopisch kleine Röhre, die von Mikritzement verfüllt wird. Die Bohrlöcher durchkreuzen einander und werden solange mikritisiert, bis anderes Sediment das Teilchen überdeckt. Erfolgt dieser Prozeß nur teilweise, bleibt eine *Mikrithülle* übrig; bei völliger Durchlöcherung und Mikritisierung entwickelt sich ein Peloid.
Intraklaste. Dies sind in einem frühen Stadium erhärtete Bruchstücke, die später wieder aufgearbeitet wurden. Mikritplättchen, die durch Austrocknung von Watten entstehen, liefern oft Intraklaste in Kalksteinen. An-

Mikrit der
Solnhofener Plattenkalke

Biomikrit

Biosparit

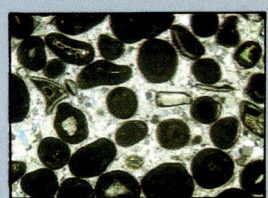

Oolith (Vergr. 12x)

5 cm

kieseliger Oolith

Pisolith

sammlungen solcher Plättchenmikrite führen zu Konglomeraten mit Schuppenstruktur.

Skeletteilchen und Fossilkalke

In Kalksteinen finden wir eine breite Palette an Fossilien und Fossilfragmenten. Die wichtigsten gesteinsbildenden Fossilgruppen werden wir im folgenden vorstellen.

Weichtiere. Diese Meeresbewohner, zu denen die *Muscheln, Schnecken* und *Kopffüßer* zu zählen sind, besitzen ein Außenskelett. Die zweiklappigen Muscheln (Bivalven) bilden eine große Artengruppe, die in zahlreichen Meeresbiotopen heimisch sind. So gehören die Austern zu den Riffbildnern. Schon aus der Kreide kennen wir korallenähnliche Bivalven, die *Rudisten*, die mächtige Riffe aufbauen. Das Berchtesgadener Land ist für schöne Fundstücke bekannt. Leere Muschelklappen werden oft von den Wellen aufbearbeitet und zu regelrechten Lagerstätten zusammengespült. Rechts in der Tafel ist ein Stück Muschelkalk (Biomikrit) zu sehen. Auch Schnecken (*Gastropoden*) können riffbildend sein, doch beschränken sie sich hauptsächlich auf das Abweiden des weichen Sedimentbodens oder stellen anderen Tieren, etwa Muscheln, nach. Die Schnecken bevölkern gerne abgeschlossene Meeresbuchten und Brackwassermilieus, da sie schwankende Salzgehalte gut verkraften. Die Ammoniten als wichtigste Vertreter der Kopffüßer (*Cephalopoden*) sind freischwimmend und verteilen sich über weit größere Lebensräume; ihre fossilen Gehäuse bilden daher selten größere Ansammlungen.

Armfüßer. Diese Gruppe, auch *Brachiopoden* genannt, nahm ähnliche Lebensräume ein wie die Muscheln; heute ist ihre Artenzahl stark zurückgegangen.

Stachelhäuter. Zu ihnen gehören die Seesterne, Seeigel und Seelilien. Letztere, auch *Crinoiden* genannt, können gesteinsbildend sein (Crinoidenkalke des Karbons). Seeigelreste erkennt man leicht an den langen Einzelcalcitkristallen. Im Handstück zeigen sie gewöhnlich eine glatte Spaltfläche. Um die Nadeln herum entwickelt sich in der Regel ein homoaxialer Zement.

Foraminiferen. Es sind vorwiegend submikroskopisch kleine, marine Einzeller. Die freischwimmenden Arten dominieren in Tiefseesedimenten wie dem *Globigerinenschlamm* oder manchen kreide- und tertiärzeitlichen Kalken. Bodenwühlende Foraminiferen konzentrieren sich auf tropische Flachmeere. Eine vergleichsweise große (5 cm) bodenwühlende Art ist *Nummulites*. Ihre münzförmigen Gehäuse können große Fossilkalkbänke aufbauen (Chiemseegebiet). Nummulitenkalke sind im Mittelmeerraum weit verbreitet und dienten schon den antiken Völkern als beliebter Baustein (Pyramidenbau, römische Bauten).

Algen. Auch die Algen steuern durch Kalkskelettkörner, durch Bildung von *Stromatolithen* und durch Fraß- und Bohrtätigkeit bei anschließender Mikritisierung entscheidend zum Aufbau von Kalksteinen bei. Vier Algengruppen haben besondere Bedeutung:
Die Kalkskelette der *Rotalgen* überziehen die Oberflächen von Meeresgrund oder Riffen. Werden Schalen oder Steine überkrustet, entstehen

5 cm

Intrasparit

Muschelkalk

Gastropode

Brachipode

Bivalve (Muschel)

Seeigel in
Schreibkreide

Syntaxialzement
(Vergr. 12x)

Crinoidenkalkstein

Rhodolithe. Die Bedeutung dieser Algen besteht also in einer Inkrustation von losen und festen Sedimentkörpern.

Grünalgen produzieren Partikelchen für Mikrite.

Blaugrünalgen bringen *Stromatolithe* (→ S. 146, 149), Mikrithüllen, Peloide und *Onkolithe*, das sind konzentrische Knollen, hervor. Im süddeutschen Malm sind sie oft seitlich der Schwammstotzen zu finden.

Grüngelbalgen sind so klein, daß sie nur unter dem Elektronenmikroskop beobachtet werden können. Sie heißen auch *Coccolithen* und spielen eine wichtige Rolle bei der Produktion der heutigen Tiefseeschlämme. In Kreide- und Tertiärsedimentiten sind sie weit verbreitet. Die *Schreibkreide* (Insel Rügen, englische Steilküste) baut sich vorwiegend aus Coccolithen auf.

Andere Fossilreste entstammen: *Bryozoen*, kleine in Kolonien lebende Organismen; *Korallen* als Riffbildner, die auch Detritus liefern; *Gliederfüßer* wie die Trilobiten des Paläozoikums und *Schwämme*, die calcitische und kieselige Schwammnadeln zurücklassen und überdies durch ihre bohrende Tätigkeit zur Mikritbildung beitragen.

Diagenese

In Kalksteinen ist der Übergang zu diagenetischen Vorgängen nicht leicht zu bestimmen. Nichtdiagenetische Prozesse wie die Algenmikritisierung können sogar parallel zu diagenetischen, etwa die Zementation oder die *Dolomitisierung*, ablaufen.

Dolomit. Dieses Karbonatgestein besteht in erster Linie aus dem gleichnamigen Mineral. Je nach Calcit- bzw. Dolomitanteil unterscheidet man folgende Karbonatgesteine: dolomitischer Kalkstein (10 bis 50 Prozent Dolomit), calcitischer Dolomit (50 bis 90 Prozent Dolomit) und Dolomit (90 bis 100 Prozent Dolomit). Die Dolomitentstehung ist in der Geologie immer noch eine Streitfrage. Zunächst einmal muß ein Ca-Ion im Molekül des Calcits durch ein Mg-Ion ersetzt werden – möglicherweise beim Vermischen von Süß- mit Meerwasser. Die große Mehrheit der Dolomitgesteine ist jedoch ziemlich sicher aus einer nachträglichen Umwandlung von festem Kalkgestein durch magnesiumreiche Lösungen hervorgegangen. Einige sehr feinkörnige Dolomite mögen aber durch primäre Salzausfällung, also als Evaporite, entstanden sein. Kalke, die sehr bald nach ihrer Aussscheidung zu Dolomit umkristallisierten, sind nur schwer von primärem Dolomit zu unterscheiden. Jedoch weisen Sedimentstrukturen des Watten- und Marschmilieus wie syngenetische Poren (vermutlich durch Gaseinschluß während der Sedimentation des Kalkschlamms entstandene Hohlräume), Stromatolithe, Trockenrisse, Mikritplättchen (die beim Austrocknen von Watten entstehen) und Evaporite auf die sekundäre Natur dieser Dolomite hin. Die Bahamas, Florida und der Persische Golf beispielsweise sind ideale Bildungsmilieus heutiger Dolomite; hier konnte an Ort und Stelle die synsedimentäre Kristallisation von primären Dolomitkristallen beobachtet werden.

Die Dolomitisierung der meisten Kalke erfolgte jedoch wohl lange nach deren Ablagerung. Die Abbildung auf Seite 139 zeigt einige Dolomitproben mit erhalten gebliebenen ursprünglichen Gefügemerkmalen. Der *nummuli-*

onkolithischer Kalkstein

Tiefseeschlamm
(Vergr. 12x)

Dolomit mit
Nummuliten

Kalkstein mit
Nummuliten

kristalliner Dolomit

teilweise dolomiti-
sierter Kalkstein

5 cm

»Kanonenkugel-Kalkstein«
(Dedolomit)

tische Dolomit aus Tunesien zeigt trotz vollständiger Dolomitisierung schöne Fossilien. Die beiden anderen Handstücke weisen teilweise und vollständige Auflösung der originalen Gefüge auf.

Bisweilen setzt eine umgekehrte Reaktion, die *Dedolomitisierung* ein. Dieser Vorgang bedingt radialstrahlige Calcitstrukturen und ist oft mit Diskordanzflächen assoziiert. Das Beispiel auf S. 139, ein sogenannter Kanonenkugelkalkstein, stammt aus Nordost-England.

Zementation. In Kalksteinen ist damit die Calcitausfällung in den Porenräumen gemeint; die gröberstrukturierten Partien können leicht mit der Lupe ausfindig gemacht werden. Teilweise hohle *Calcitknollen* (im Bild gegenüber) mit großen Calcitspäten sind erkennbar. Die gebänderten Arten zeigen an ihren Farbstreifen sehr schön, wie der Ionengehalt der Lösungen, aus denen das Zementmaterial ausfällt, variieren kann.

Schon bei geringer Sedimentbedeckung oder sogar schon an der Erdoberfläche, etwa in der Brandungszone, kann die Zementation beginnen. Derart gebildete Kalke nennt man im Englischen *Beach rocks*; sie entstehen heute an einigen Küsten des Mittelmeers. Wird dieses Gestein später abgesenkt, kann sich eine zweite Zementgeneration bilden.

Zementarten und -strukturen ähneln denen in Sandsteinen. Vergleichen Sie z. B. den Zement des Sandsteins von S. 129 mit dem des Crinoidenkalksteins von S. 137.

Strukturneubildungen. Die Struktur eines Kalksteins kann sich auch ohne Lösungsvorgänge verändern. Mikrit wird z. B. grobkörniger und ähnelt Sparit. Fossilien rekristallisieren und verlieren dabei ihre ursprüngliche Struktur. Eine Rekristallisation mit Strukturneubildung ist von der Zementation nur anhand von erhalten gebliebenen, ursprünglichen Strukturresten zu unterscheiden.

Anfärben

Damit können bedingt verschiedene Karbonatminerale ausgeschieden werden. So wird vorgegangen: Ein Handstück wird einseitig angeschliffen und blankpoliert. Man bringt Alizerin S, Kaliumferricyanid und verdünnte Salzsäure auf und wäscht mit destilliertem Wasser ab. Calcit färbt sich rot, während Dolomit, Siderit und die Nichtkarbonate unverändert bleiben. Stark eisenhaltiger Calcit wird blau oder purpur und eisenreicher Dolomit hell- bis intensiv türkis. Die Färbung verblaßt wieder, kann aber mittels eines Acetatpapierabzugs (rechts), den man mit der Lupe betrachten kann, konserviert werden.

gefärbte Septarie
mit Calcitadern

gebänderter Calcit

Knolle mit Kalkspat

5 cm

Papierabzüge von
eingefärbtem Kalk-
stein (Vergr. 12x)

Evaporite

Evaporite sind sehr häufig mit Karbonaten vergesellschaftet. Sie sind das Ergebnis einer verstärkten Verdunstung abgeschnürter Meeresbecken und der damit verbundenen Ausfällungsprozesse der Salze aus übersättigten Meerwasserlösungen.

Evaporitminerale

Gips. Häufig ist das Auftreten in knolligen Massen in Tongesteinen und feinkörnigen Dolomiten oder als dichtgepacktes Netz in Gewebestruktur. Schichten und Bänder aus Gips, die in sich verdreht sind, kommen vor. Diese Arten sind typisch für Sebkhas und sind oftmals mit anderen Watten- und Marschenstrukturen assoziiert (→ S. 37). Auch können die Gipskristalle andere Karbonate aufzehren und deren äußere Gestalt annehmen. Gips wächst auch in Böden über Gipsschichten. Ferner bildet er faserige Massen aus *Seidenspat-* oder *Schwalbenschwanzkristallen*, *Ziegelsteinstrukturen* und *Wüstenrosen*. Letztere (→ S. 145) sind auf Wüstenklimate beschränkt und wachsen überall, wo Gipsschichten ausbeißen. Gebranntes Gipspulver ist Rohstoff für den bekannten Gipsverband.

Anhydrit. Der wasserärmere Anhydrit entsteht, wenn Gipsschichten absinken und verdichtet werden, da hierbei Wasser ausgedrückt wird. An der Erdoberfläche kann der umgekehrte Vorgang wieder stattfinden. Auch kann es zu einer primären Anhydritausfällung ähnlich dem Gips in landnahen Bereichen der Sebkhas kommen.

Gips und Anhydrit können in den Watt- und Marschmilieus wiederaufgearbeitet werden und als »klastisches« Material sedimentieren. Horizonte mit Klein- und Großfältelungen, verschlungenen und brecciösen Gips- und Anhydritlagen werden im allgemeinen als Rutschungs- und Gleitmassen interpretiert. Beispiele aufgearbeiteter Gips- und Anhydritsedimente kennen wir aus dem Zechstein Norddeutschlands und Englands.

Steinsalz (Halit). Steinsalz bildet mit seinen oft eingefärbten, grobkörnigen, massigen Mineralen ausgedehnte Lagerstätten. Die Schichten alternieren je nach den Ausscheidungsbedingungen mit Kalken, Dolomiten, Gips, Anhydrit und Chloriden. Die Salzkristalle sind selten wohlgeformte Würfel, eher schon sargdeckelförmig. Steinsalz wird schon bei niedrigen Temperaturen und Drücken sehr mobil. Durch sein geringes spezifisches Gewicht und bedingt durch die Auflast überdeckender Gesteinsschichten verläßt es sein horizontales »Bett« und dringt entlang von tektonischen Schwächezonen in höhere Schichten unter Ausbildung von *Salzstöcken* vor. Besonders in Niedersachsen und Schleswig-Holstein finden sich Hunderte solcher Salzdome. Nahe der Erdoberfläche kommt es durch die Auslaugung der obersten Salzlagen zur Herausbildung eines *Gipshutes* und aufgrund des Materialverlustes zu Erdsenkungen (Lüneburg). Geschätzt sind die Salzstöcke auch von der Erdölindustrie, da sich in den randlich hochgeschleppten Deckgebirgsschichten oft *Ölfallen* entwickelt haben (→ S. 185).

5 cm

geschichteter Dolomit

Anhydrit

Anhydrit mit
dunklem Dolomit

Fasergips

große Gipskristalle in
feinkörnigem Gipsgestein

durch Calcit
ersetzter Gips

aufgewachsene
Gipskristalle

Weitere Evaporite

Im Gefolge der großen Steinsalzlagerstätten finden sich auch die wichtigen *Kalisalze* (Niedersachsen, DDR) mit den Mineralen Sylvin, Carnallit und Kainit. Wegen ihrer hohen Löslichkeit fielen sie erst ganz zum Schluß der Eindampfungen aus. Der Dolomit liegt immer an der Basis eines Salzzyklus' (→ S. 132 und 138).

Baryt. Er kommt in knolligen Massen in Böden vor und kann, ähnlich dem Gips, Barytrosen bilden, die aber spezifisch viel schwerer sind (»Schwerspat«). Barytkristalle sind normalerweise farblos bis weiß, können aber auch grau, gelb oder braun sein. Sie finden sich auch als feine Gangfüllungen, wie das nebenstehende Foto zeigt.

Strontianit. Dieses Strontiumkarbonat ist recht selten; es tritt in den gleichen Environments wie der Baryt auf. Die Farbe reicht von grau über gelb bis grünlich, der Strich ist weiß. Das abgebildete Handstück zeigt Strontianit mit Calcit; solche Ablagerungen entstammen der Lösung von Evaporitmineralen und dem anschließenden Einbruch der Deckgebirgsschichten.

Vorkommen

Die bis 450 m mächtigen Zechsteinsalzlager Mitteleuropas bauen sich gemäß der Ausscheidungsfolge der Salze wie folgt auf: An der Basis Kalksteine und/oder Dolomite, darüber Anhydrit (Gips), darüber Steinsalz und zuoberst die Kalisalze. Solche mächtigen Ablagerungspakete können nur durch ununterbrochene Meerwassereindampfung in flachen, warmen Meeresbecken, die vom offenen Ozean ständig mit frischem Meerwasser versorgt wurden, entstanden sein. Interessanterweise stimmen zwei Abfolgen der Staßfurt-Serien in Deutschland recht gut mit den theoretischen Erwartungen überein. Die Kara-Bogas-Bucht des Kaspischen Meers stellt ein heutiges Modellbeispiel zur Evaporitbildung dar.

Es gibt Hinweise, die für das tertiäre Mittelmeer einen solchen Mechanismus ausgedehnter Eindampfung vermuten lassen – gegen Ende des Miozäns soll es sogar ganz eingetrocknet sein. Durch Bohrungen konnten erhebliche Salzlagen unter dem Meeresgrund festgestellt werden. Die Straße von Gibraltar diente damals wie heute als Frischwasserzufluß aus dem Atlantik. Nach Zeiten der Austrocknung muß dort bei erneutem Meereseinbruch ein unvorstellbarer »Wasserfall« aktiv gewesen sein.

Evaporite fallen auch in Binnenseen aus. So kennen wir aus dem Toten Meer, dem Großen Salzsee (Utah) und vielen anderen abflußlosen Seen der Wüstenklimate Evaporite großer Mineralienvielfalt. *Bitterseen* führen in erster Linie Natriumkarbonate (»Soda«) und -sulfate (Glaubersalze). Manche dieser Seen mit ihren exotischen Salzanreicherungen haben als Salzlagerstätten eine erhebliche wirtschaftliche Bedeutung (Borate, Strontium). Fossile binnenländische Evaporite kennen wir aus der Green River-Formation in Wyoming und Utah.

Strontianit und Calcit

Wüstenrose aus Gips

5 cm

Halit (Steinsalz)

Baryt

Biogene (organogene) Gesteine

Viele Kalkgesteine, die hauptsächlich aus Schalen und Schalenteilen bestehen, sind eigentlich biogenen Ursprungs und entstammen einer Vielzahl von Organismen.

Riffe

Ein Riff baut sich aus einer großen Masse skelettösen Materials, das größtenteils aus den Bauten der lebenden und ehemaligen Riffbewohner besteht, auf; dazu kommt chemisch ausgefälltes Material und organogener Schutt aus erodiertem Riffmaterial oder angeschwemmten Fragmenten.

Korallen. Dies sind die verbreitetsten riffbildenden Tiere der Gegenwart mit einer große Formen- und Artenvielfalt. Die heute ausgestorbenen *Tabulaten* (Bodenkorallen) waren einst einfache Koloniebildner und bauten lange, dünne und eckige Röhren mit zahlreichen Querböden. *Favosites* oder *Halysites* als bekannte Vertreter bauten vor allem die paläozoischen Riffe (Devon der Eifel) auf. Die trompetenförmigen *Rugosa* (Tetrakorallen) stehen oft einzeln, sammeln sich aber auch zu Kolonien an; sie waren keine großen Riffbildner. Die *Scleractinia* (Hexakorallen) hingegen sind bedeutende Riffbaumeister der warmen Flachmeere. *Isastrea* baute ihre Riffe bevorzugt im mediterranen Raum.

Rotalgen. Mit ihren kalkigen Außenskeletten bauen sie mächtige Riffe auf.

Bryozoen. Von dieser kolonienbildende Tiergruppe kennt man nur kalkabscheidende Formen als Fossilien. Der Riffbau geschieht analog dem der Kalkalgen.

Weitere Riffbildner. Schwämme, Serpuliden (Ringelwürmer) und einige Schnecken haben lokale Bedeutung für Riffbauten. Auch Austern brachten riffähnliche Bauten zuwege. Die Rudisten, eine Muschelart, schufen in der Kreide große Riffe (Salzburger Alpen).

Tiere und Pflanzen sind auch in der Lage, Kalkschlamm einzufangen und damit Mikrit zu bilden. Bryozoen und Crinoiden entwickelten gelegentlich Rasen, in denen der Kalkschlamm hängenblieb – desgleichen gilt für Wasserpflanzen. Die Schlammerhöhungen waren oft das Fundament für beginnendes Riffwachstum.

Stromatolithe. Dies sind Algenmatten der Blaugrünalgen, in denen sich Kalkschlamm und Detritus fängt. Kontinuierliches Algenwachstum und das eingefangene Material resultieren allmählich in ansehnlichen Riffbauten. Sie sind allerdings auf den Küstenstreifen beschränkt und kommen zusammen mit Evaporiten vor. Ihre größte Bedeutung erreichten sie in den Kalk- und Dolomitstromatolithen des Präkambriums; seither fehlen sie in keinem erdgeschichtlichen Abschnitt. Algenmatten zeigen verschiedene Strukturformen von ebener oder leicht gewellter Feinschichtung bis zu Kuppeln oder singulären kugeligen oder unregelmäßig geformten Knollen und Klumpen. Die Reihenfolge dieser Formen mag eine Widerspiegelung der Wellenenergie sein, der die Algenmatten während ihres Wachstums ausgesetzt sind.

5 cm

Favosites
(Koralle)

Halysites
(Koralle)

Zaphrentites
(Koralle)

Isastrea
(Koralle)

Austernkalkstein

Syringopora
(Koralle)

Rugosa
(Koralle)

Bryozoen

2 cm

Organische Substanz

Ein Gutteil der organischen Substanz abgestorbener Lebewesen wird nach deren Ableben oxidiert. Herrscht dagegen Sauerstoffmangel, läuft der Verwesungsprozeß nur unvollständig ab, so daß die Körperreste in das Sediment eingebettet werden. Organische Sedimente können wir in zwei große Gruppen einteilen: In jene, die aus Material bestehen, das durch Suspension herangeführt und abgelagert wurde und in solche, die ihr Stoffpotential aus der Anhäufung organischen Wachstums beziehen, beispielsweise aus Torf.

Ölschiefer. Aus feinkörnigen Tonschiefern, die reich an organischer Substanz sind, kann durch Verschwelung Teeröl gewonnen werden. Die Inhaltsstoffe entstammen einer *anaeroben* (sauerstoffarmen) Umwandlung organischer Reste. Bituminöse dunkle Schiefer finden wir vor allem im Lias (Posidonienschiefer), im Devon des Frankenwaldes und im Tertiär des Oberrheingrabens.

Kohle. Dieses »brennbare« Gestein liegt in Form von Flözen in verschieden alten Ablagerungen der Erdgeschichte vor. Die meisten Kohlen entstanden an Ort und Stelle durch Anhäufung organischer Reste; nur ein kleiner Teil Algen-, Sporen- und anderer Pflanzenreste wurde durch Suspension angeliefert. Durch die Absenkung dieser riesigen torfähnlichen Schichten erfuhren diese in der Tiefe durch Druck und Aufheizung eine zunehmende Wasseraustreibung, nach deren Ausmaß die Kohlen eingeteilt werden. *Torf* an der Erdoberfläche wird zunächst umgewandelt in *weiche Braunkohle* mit noch sichtbaren Pflanzenteilen, sodann in *Hartbraunkohle*; die nächste Phase ist *Steinkohle*, die von der noch wasserärmeren *Anthrazitkohle* abgelöst wird. Mit jeder Phase an zunehmender *Inkohlung* erhöht sich durch die sukzessive Austreibung von Wasser der Heizwert.

Die großen Braunkohlenreviere befinden sich in der Ville, in der Niederlausitz, im mitteldeutschen Revier (Leipzig) und in Nordböhmen. Die Steinkohlereviere treffen wir in erster Linie im Ruhrgebiet, an der Saar, in Oberschlesien, Nordfrankreich und England/Wales an. Die größte weltweite Bedeutung haben jedoch die riesigen Tagebaue Australiens mit ihren günstigen Förderbedingungen sowie die gewaltigen Vorräte Chinas.

Kännelkohle hat einen hohen Gasanteil und ist reich an Algen- und Sporenmaterial. *Bogheadkohle* besteht aus Algenresten zusammen mit etwas Pilzmaterial.

Erdöl. Dieses Kohlenwasserstoffgemisch aus Ölen und Gasen entstammt großenteils der anaeroben Veränderung abgestorbenen Planktons. Zunächst entsteht ein *Sapropelschlamm* mit Proteinen, Fetten und Kohlehydraten, die im Zuge der Diagenese zu *Paraffinen* und *Naphtenen* umgewandelt werden. Der Schwefelgehalt bestimmt dabei die (Un)kosten der Raffination.

Stromatolith

5 cm

Ölschiefer

Steinkohle

Anthrazit

Kännelkohle

Braunkohle (Lignit)

Metamorphose saurer Magmatite

Saure Magmatite setzen sich aus Mineralen zusammen, die gegenüber kleinen und mittleren Druck- und Temperaturänderungen unempfindlich sind; erst bei hohen Metamorphosegraden erleiden sie Umwandlungen. Am anfälligsten gegenüber metamorphen Prozessen sind feinkörnige Vulkanite wie Rhyolithe.

Kontaktmetamorphose

Erst in unmittelbarer Nähe zu einer großen Intrusion beobachtet man bei sauren Magmatiten eine kontaktmetamorphe Beeinflussung. Biotit und Hornblende verwandeln sich in Chlorit; Quarz und Feldspat erzeugen granoblastische Strukturen und verleihen den hellen Hornfelsen ein getüpfeltes Aussehen. Diese sauren Hornfelse findet man wegen der erforderlichen hohen Temperaturen am ehesten am Kontakt zu basischen Plutonen. Das saure Nebengestein kann randlich sogar aufgeschmolzen sein. Fundstellen sind selten.

Regionalmetamorphose

Auch unter regionalen Metamorphosebedingungen erweisen sich saure Magmatite als sehr unempfindlich. Mäßige Drücke und Temperaturen machen aus Graniten *granitische Gneise* mit fast demselben Mineralbestand aus Quarz, Feldspat und Biotit. Sie erhalten jedoch eine *Gneistextur* aus scharf getrennten hellen und dunklen Bändern. Letztere sind meist dünn (bis 1 mm) und bestehen fast nur aus Biotit. Die viel breiteren hellen Bänder (bis 5 cm) aus Quarz und Feldspat besitzen eine granoblastische Struktur.

Sehr hohe Drücke und Temperaturen führen zu *Granuliten*, die sich von solchen, die aus basischen Magmatiten herzuleiten sind, unterscheiden. Eine besondere Art sind die Charnockite.

Charnockite. Es sind recht ungewöhnliche Gesteine, über die es noch viele offene Fragen gibt. Sie können geschiefert sein, haben aber meist eine granoblastische Struktur oder ähneln strukturell unveränderten Magmatiten. Granitische Charnockite sind dunkel und enthalten Quarz, Orthoklas, Plagioklas (Oligoklas und Andesin) sowie etwas Mikroklin; die Feldspäte sind oft perthitisch verwachsen. Hypersthen ist zugegen, ebenso Almandin, ein tiefroter Granat. Im Handstück erscheint der Quarz hellblaugrau, die Perthite bräunlichgrau.

Charnockite sind sehr seltene Gesteine; ihre Vorkommen beschränken sich auf präkambrische Areale. In Europa hat Südnorwegen eine Fundstelle bei Farsund. Der Name stammt von J. Charnock, dem Gründer von Kalkutta. Um Madras (Indien) und in Sri Lanka sind weitere Vorkommen dieses seltenen Gesteinstyps beheimatet.

Migmatite. Bei noch höheren Metamorphosegraden kommt es zu Teilschmelzen innerhalb der hochmetamorphen sauren Gesteine mit Verschlingungen der hellen und dunklen Gemengteile und einer komplexen Verquikkung von magmatischen und metamorphen Strukturen und Texturen.

»saurer« Gneis

geschieferter »saurer« Gneis

5 cm

Quarz-Feldspat-Schiefer

»saurer« Gneis

»saurer« Gneis

Charnockit

Metamorphose basischer Magmatite

Die Basalte sind die häufigsten basischen Magmatite und verdienen auch bei metamorpher Beanspruchung unsere besondere Beachtung. Ihr Mineralbestand reagiert sehr sensibel auf Druck- und Temperaturanstieg und ist daher stärkeren Umwandlungen unterworfen als derjenige der sauren Magmatite.

Kontaktmetamorphose

Sie erzeugt bei den basischen Magmatiten dunkle, kompakte, relativ feinkörnige, texturlose und recht schwere Gesteine, die Hornfelse, genauer: *basischen Hornfelse*. Selbst der Experte kann sie kaum von normalen Basalten unterscheiden.

Niedrige bis mittlere Temperaturen. Schon bei niedrigen Temperaturen rekristallisieren sie und weisen dann Amphibole (z. B. *Aktinolith*) und Plagioklas (Albit) auf, zusammen mit wenig Chlorit und Epidot, die dem Hornfels einen grünlichen Farbstich verleihen.

Mittlere Temperaturen, d. h. näher am Intrusionskörper, erzeugen fein- bis mittelkörnige dunkle Hornfelse, die immer noch viel Hornblende und Plagioklase (Oligoklas, Andesin und Labradorit) enthalten; dazu kommt Diopsid, ein Pyroxen, der in feinkörnigen Hornfelsen sehr schwer zu erkennen ist. Begleitminerale sind Magnetit, Apatit und Titanit. Solche Gesteine gehören zur *Hornblende-Hornfels-Fazies*.

Mit dem Anstieg der Temperatur bei Annäherung zum Kontakt nimmt die Rekristallisation zu und zerstört zunehmend das ursprüngliche Gefüge. Feinkörnige Magmatite verändern sich leichter als grobkörnige. Während also ein Basalt völlig rekristallisiert, Gefüge und Mineralbestand komplett neu angelegt werden, behalten etwa Gabbro oder Dolerit in gleicher Position zum Kontakt ihre Gefüge- und Mineraleigenschaften im wesentlichen bei.

Hohe Temperaturen. Dicht an der Intrusion herrscht der höchste Metamorphosegrad. Wieder entstehen dunkle Hornfelse, jedoch mit einigen anderen Mineralen. Labradorit findet sich neben Hypersthen und Diopsid, die aber im Handstück kaum auszumachen sind. Solche Gesteine schlägt man der *Pyroxen-Hornfels-Fazies* zu. Auch Olivin kann auftreten. Begleitminerale umfassen Apatit, Magnetit, Titanit, Turmalin und Spinell. Basische Hornfelse besitzen eine *granoblastische* Struktur, die besonders bei grobkörnigen hochmetamorphen Probestücken beobachtet werden kann.

Vorkommen

Die Aureolen der Kontaktmetamorphose haben nur begrenzte Dimensionen und üben trotz ihrer hohen Härte keinen großen Einfluß auf das Landschaftsbild aus. Zur Probenahme sind keine speziellen Techniken vonnöten. Die Gesteinsoberfläche ist beim angewitterten Gestein stets rostbraun und bröckelig, während das frische Innere hart und zäh ist. Hornfelse finden Sie im nördlichen Odenwald, im Harz, im Fichtelgebirge und in den Vogesen.

Aktinolith

Chlorit

Epidot

Diopsid

Hornblende

Hypersthen

5 cm

»basischer« Hornfels

Regionalmetamorphose

Den jeweiligen Druck- und Temperaturverhältnissen entsprechend entstehen bei der Metamorphose basischer Magmatite unterschiedliche Gesteine. Bei niedrigen Temperaturen und niedrigen bis mittleren Drücken ist mit der Bildung von *Grünschiefern* zu rechnen; bei niedrigen Temperaturen und hohen Drücken mit *Glaukophanschiefern (Blauschiefern)*; bei mittleren Temperaturen und Drücken mit *Amphiboliten*; bei hohen Temperaturen und Drücken mit *Granuliten (Pyroxengranuliten)* und bei hohen Temperaturen und extrem hohen Drücken mit der Bildung von *Eklogiten*.

Geraten basische Magmatite in die Tiefe, ist es der Auflastdruck des Deckgebirges, der die ersten Metamorphoseprozesse auslöst. Bei solchermaßen betroffenen Basalten setzen die kaum feststellbaren Mineraländerungen zuerst an der ehemaligen Oberfläche oder an Blaseneinschlüssen an. So wird Labradorit durch Albit ersetzt – abgesehen vom Schillern des Labradorits sehen sich die beiden Plagioklasarten sehr ähnlich. Eine Reihe anderer neuer Mineralarten kann sich bilden: Epidot, Aktinolith (ein Amphibol), Chlorit, Calcit und selbst etwas Quarz. Die ursprünglichen magmatischen Strukturen bleiben erhalten.

Grünschiefer. Dies sind generell dunkelgrüne, feinkörnige Gesteine mit einer schieferigen Textur bzw. Schieferung. Das Dunkelgrün geht auf die Präsenz von Aktinolith, Chlorit und/oder Epidot zurück. Sehr häufig zeigen Grünschiefer eine gebänderte oder lagige Ausbildung. Hellere, an Plagioklas reichere Bänder wechsellagern mit dunkleren, an Plagioklas verarmten Bändern. Manchmal entwickeln sich auch Plagioklasporphyroblasten und verleihen dem Grünschiefer demgemäß eine porphyroblastische Struktur.

Gestattet es die Körnigkeit, Einzelkristalle zu erkennen, so erscheint Aktinolith in schlanken Prismen und Nadeln, die durch ihre subparallele Einregelung dem Schiefer eine gewisse Lineation geben. Daneben kann sich eine Reihe anderer Minerale, je nach dem Chemismus des Ausgangsgesteins und den eintretenden Druck- und Temperaturänderungen, entwickeln. Darunter sind Magnetit, Titanit, Apatit, Quarz, Biotit (manchmal recht häufig), Stilpnomelan (ein Glimmer), etwas Muskovit und gelegentlich Hornblende. Die magmatischen Ausgangsstrukturen bleiben meist erhalten.

Grünschiefer sind oft an lange und schmale Zonen, die *Grünsteingürtel*, gebunden. Sie liegen inmitten der altpräkambrischen, hochmetamorphen Kontinentalkerne. Sie selbst sind schwachmetamorph, wobei ihnen die Schieferung oft fehlt und stattdessen als massige und kompakte Gesteine vorliegen.

Glaukophanschiefer. Ihr Synonym Blauschiefer verdanken sie einem blauen Amphibol, dem *Glaukophan*. Dennoch sind sie relativ unscheinbare, feinkörnige, dunkle und kaum geschieferte Gesteine. Farblose oder blaßgelbe Glimmer sind an den Bruchflächen zu erkennen. Es ist zu beachten, daß Glaukophanschiefer neben basischen Magmatiten auch aus sedimentären Gesteinen abgeleitet werden können.

Bezüglich ihres Mineralbestands zeigen sich bei Grün- und Blauschiefern keine großen Unterschiede. Blauschiefer, die von basischen Gesteinen abstammen, können darüber hinaus Lawsonit, Pumpellyit, Almandin (ein

Aktinolith

Chlorit

Epidot

Glaukophan

Omphazit

Jadeit

Chloritschiefer

Aktinolithschiefer

Chloritschiefer

5 cm

Glaukophanschiefer (Blauschiefer)

Granat), Aktinolith, Rutil (er ersetzt Titanit) sowie die Klinopyroxene Omphazit und Jadeit führen.

Amphibolite. Wie der Name vermuten läßt, dominieren Amphibole (meist Hornblende) zusammen mit den Plagioklasen Oligoklas und Andesin – was natürlich ein stark gesprenkeltes Aussehen nach sich zieht. Auch sind Epidot, Almandin und Biotit neben etwas Quarz zugegen. Meist gehen Amphibolite aus basischen Gesteinen hervor, dennoch können ihnen fallweise bestimmte Sedimentite zugrunde liegen.

Amphibolite erscheinen als dunkelgrüne, massige und schieferungsarme Kristallingesteine; die reichlichen Hornblendeprismen erzeugen eine deutliche Lineation, die mit der Lupe erkennbar ist. Bei höheren Plagioklasgehalten entwickelt sich eine Hell/Dunkel-Bänderung, während sich bei Biotitreichtum ein Hang zu stärkerer Schieferung mit der Herausbildung von *Hornblendeschiefern* einstellt. Die dunkelroten Almandine der *Granatamphibolite* liegen als Porphyroblasten vor. Solche Gesteine erkennt man sofort an ihren roten Kristallen, die in eine feinkörnige dunkelgrüne Grundmasse eingebettet sind. Weitere Minerale umfassen Titanit, Rutil, Apatit, manchmal Chlorit und selten Diopsid.

Lag als Ausgangsgestein ein Dolerit oder Gabbrogestein vor, dann kann die Schieferung so schwach sein, daß der Amphibolit eher einem Diorit ähnlich ist. Derlei Gesteine belegt man oft mit dem Begriff *Epidiorite*; Fundstellen befinden sich z. B. im Fichtelgebirge. Bestimmte Epidiorite führen Granat als deutliches Unterscheidungskriterium gegenüber echten, niemals granathaltigen Dioriten. Viele ehemalige basische Magmatite wurden in Gänge und Lagergänge injiziert, weswegen Amphibolite nicht selten als Lagen und Bänder inmitten metamorpher Sedimentgesteine vorgefunden werden. In regionalmetamorphen Zonen stellen die Amphibolite eine häufige Gruppe dar.

Granulite. Diese hochmetamorphen Gesteine liegen in den zentralen Teilen der Festlandskerne. Granulite aus basischen Gesteinen beinhalten die Plagioklase Andesin und Labradorit, Hypersthen, Diopsid und mitunter etwas Almandin und kaum Quarz. Die Pyroxene stammen aus dem Zusammenbruch der Hornblenden, die in den Amphiboliten noch stabil sind. In Anbetracht des Pyroxenreichtums spricht man hier von *Pyroxengraniliten* (→ S. 161). Es sind mittel- bis grobkörnige, dunkle und harte Gesteine von granularer Struktur, denen in der Regel eine Schieferung oder Bänderung fehlt. Die Granate geben den Graniliten ein getüpfeltes Aussehen. Weitere Minerale sind etwas braune Hornblende, Magnetit, Ilmenit, Enstatit, Olivin und der sehr rare *Sapphirin*.

Eklogite. Eklogite sind weitverbreitet und bilden singuläre Körper von einigen Metern bis mehrere Zehner Kilometer Durchmesser; sie sind stets mit anderen Metamorphiten wie Schiefern, Gneisen, Graniliten oder Blauschiefern vergesellschaftet. Auch in Begleitung von Peridotiten, Serpentiniten und Kimberliten wurden sie gefunden. Sie sind mittel- bis grobkörnig, meist massig und dicht und fallen sehr durch ihr grünlichrot gesprenkeltes Äußeres auf. Diese Färbung geht auf die einmalige Kombination aus blaßgrünem *Omphazit* (ein Pyroxen) und dem rötlichbraunen Granatmineral Pyrop zurück. Beide Minerale können als Porphyroblasten auftreten, ob-

Hornblende

Plagioklas

Granat

5 cm

Amphibolit

wohl die Struktur der Eklogite meist granoblastisch ist. Weitere Minerale betreffen den Almandin, Rutil, Disthen, Amphibol und – in sehr seltenen Fällen – Diamant. Vermutlich benötigen die Eklogite Bildungstiefen von mindestens 160 km.

Vorkommen

Im angewitterten Zustand machen die Metamorphite basischen Ursprungs bei der Probenahme keine Mühe, vor allem solche mit Schieferung. Im frischen Zustand dagegen sind sie hart und zäh. Von geschieferten Gesteinen können Sie mit einem Meißel entlang der Schieferungsflächen geeignete Handstücke gut ablösen.

Die regionalmetamorph veränderten basischen Gesteine können, je nach der Ausdehnung der Ausgangsgesteine, sehr ansehnliche Gebiete einnehmen; sie haben aber keine besonders hohe Reliefenergie. Die meisten Gesteinskörper dieser Gruppe finden wir jedoch als metamorphe Gänge oder Lagergänge.

Grünschiefer. Wir finden sie im Vordevon des Taunus, in Sachsen und Niederschlesien, im Tauernfenster der Zentralalpen (Teile der Bündner Schiefer). Ferner in allen Faltengebirgszügen (Pyrenäen, Karpaten, Kordilleren, Japan) und Grünsteingürtel.

Blauschiefer (Glaukophanschiefer). Sie sind auf schmale Bereiche der Faltengebirge, wo hoher Druck bei niedrigen Temperaturen herrschte, begrenzt. In den Schweizer Zentralalpen (Wallis), auf Korsika, in Piemont, in der Bretagne. Ferner in den Kordilleren und auf Japan.

Amphibolite. Sie finden wir im Schwarzwald, in der Münchberger Gneismasse, im Bayerischen Wald, im Waldviertel, in den Gneisen des Tauernfensters, in den Westalpen der Schweiz.

Pyroxengranulite. Diese Gesteine finden wir im Sächsischen Granulitgebirge, in den Vogesen, im Waldviertel. Ferner in Schottland, Broken Hill (Australien) und Sri Lanka.

Eklogite. Fundstellen im Fichtelgebirge, in der Münchberger Gneismasse, in der Saualpe (Kärnten), in Nordwest-Italien (Sesia-Lanzo). Um den Nordfjord (Norwegen), in Westschottland, in den Kordilleren und auf Japan sind sie ebenfalls beheimatet.

Mineralogie (→ S. 155)

Aktinolith. Ein grüner Amphibol mit langen prismatischen Kristallen, die bisweilen faserig sind (wichtiges Merkmal). Die Härte liegt zwischen 5 und 6, was ihn mit dem Messer noch gut ritzen läßt. Die beiden vollkommenen Spaltflächen schneiden sich unter 124°; der Glanz ist glasig, der Strich weiß.

Chlorit. Diese grün bis gelb und braunen Minerale sind Glimmerverwandte. Die Kristallplättchen haben eine Härte von 2,5 auf den Spaltflächen, so daß manchmal sogar mit dem Daumennagel geritzt werden kann. Er weist eine vollkommene Spaltebene, einen matten Glanz sowie einen weißen bis blaßgrünen Strich auf. Farbe und Spaltbarkeit sind diagnostisch.

Epidot. Dies ist eine Gruppenbezeichnung für mehrere Minerale von grüner, grünlichgrauer, gelbbraungrüner oder schwarzer Farbe. Die Kristalle können prismatisch mit Riefungen, aber auch massig, faserig oder körnig

Hornblendeschiefer

Granatamphibolit

5 cm

Amphibolit

Epidiorit

sein. Bei einer Härte von 7 ist er nicht messerritzbar. Der Strich ist weiß, der Glanz glasig und die eine gut ausgebildete Spaltfläche liegt parallel zur Längsachse und kann leicht mit derjenigen des Turmalins verwechselt werden.

Diopsid. Dieser dunkelgrüne bis schwarze Pyroxen ist etwas heller als Augit, ansonsten ist er ihm sehr ähnlich.

Glaukophan. Dieses seltene Amphibolmineral von hellblauer, lavendelblauer, dunkelblauer oder schwarzer Farbe tritt in prismatisch-nadeligen oder faserigen Kristallen auf. Seine Härte ist 6 und er kann mit dem Messer geritzt werden. Typische Amphibolspaltflächen, weißer oder blaugrauer Strich und Glasglanz.

Granate. Da sowohl Almandin als auch Pyrop dunkelrot sind, kann man sie nicht ohne weiteres unterscheiden. Die schönen, wohlgerundeten Kristallformen weisen 12 oder 24 gleichförmige Kristallflächen auf. Bei einer Härte von 7 bis 7,5 kann man sie nicht mit dem Messer ritzen. Ihr Strich ist weiß, ihr Glanz glasig und Spaltflächen fehlen ihnen. Farbe, Habitus und Härte sind diagnostisch.

Omphazit. Ein blaß grasgrüner Pyroxen. Einzelkristalle sind äußerst selten. Meist liegt er in derben Massen oder ausgelängten Kristallen vor. Er ist mit dem Messer ritzbar (Härte 6 bis 7). Typische Pyroxenspaltflächen, matter Glanz und weißer Strich.

Jadeit. Ebenfalls ein Pyroxen und von hell- bis dunkelgrüner Farbe. Einzelkristalle sind rar, die übliche Erscheinungsweise sind körnige Massen. Die Härte liegt zwischen 6 und 6,5 (messerritzbar). Jadeit hat die charakteristische Pyroxenspaltbarkeit, einen glasigen Glanz und einen weißen Strich. Trotz der etwas anderen Farbe kann eine Verwechslung mit Omphaziten gegeben sein.

Hypersthen

Diopsid

Plagioklas

Omphazit

Granat

Pyroxengranulit

massiger Granulit

Eklogit

5 cm

Metamorphose toniger Gesteine

Die Tongesteine sind sowohl der Kontakt- als auch der Regionalmetamorphose gegenüber sehr sensibel und zeigen einschneidende Veränderungen in der Struktur und im Mineralbestand. Schieferton soll uns beispielhaft als Ausgangsgestein dienen.

Kontaktmetamorphose

Thermisch beeinflußte Tongesteine im Aureolenbereich einer Intrusion zeigen sehr genau die verschiedenen Faziesgrenzen, d. h. die Stabilitätsbereiche der neugebildeten Mineralgesellschaften. Den besten Eindruck gewinnen wir, wenn wir uns entlang eines Profils vom unbeeinflußten Tongestein dem Kontakt annähern.

Fleckschiefer. Das erste Anzeichen einer metamorphen Einflußnahme äußert sich in der Bildung von Fleckschiefern. Die mit freiem Auge oder Lupe gut erkenntlichen Flecken sind grau bis schwarz. Zunächst tauchen sie als sehr kleine (0,5 mm) Gebilde auf, die aber in Richtung Kontakt bis 3 mm Durchmesser groß werden. Manchmal stellen die Flecken winzige Eisenerzkörner dar.

Einzelne Kristalle können wir in diesen Schiefern nicht ausmachen. Dennoch sind sie gegenüber dem Schieferton gröber und enthalten mikroskopisch sichtbaren Chlorit. Eventuell vorhandene sedimentäre Strukturen oder Fossilien können noch gefunden werden.

Bei weiterer Kontaktannäherung werden die Schiefer härter und die Sedimentstrukturen und Fossilreste verschwinden. Erste metamorphe Neubildung ist Biotit als dunkelbraune Flitter in Form von kleinen Porphyroblasten.

Chiastolithschiefer. Als nächstes erscheinen, manchmal als Porphyroblasten, Andalusit und Cordierit. Je nach dem Chemismus des Schiefertons können sich beide oder nur einer entwickeln; im ersten Fall sproßt Andalusit – nach dem Biotit – immer zuerst. *Chiastolith* ist eine Andalusitart mit sehr feinkörnigen kohligen Einschlüssen, die zu einem charakteristischen Kreuz arrangiert sind. Chiastolith kann recht ansehnliche Porphyroblasten in großer Zahl ausbilden; das Gestein nennt man dann *Chiastolithschiefer* oder bei höherer Metamorphose *Chiastolithhornfels*. Enthalten sind ferner Quarz, Biotit, Muskovit, Andalusit und/oder Cordierit. Die Korngröße ist, obwohl nicht im Handstück erkenntlich, abermals vergröbert.

Hornfels. Nahe und direkt am Intrusionskontakt wandelt sich der Schieferton in einen harten, splittrigen, dunklen, fein- bis mittelkörnigen Hornfels um; seine bleiche Oberfläche erscheint oft blaßgrau bis weiß. Neben der typisch granoblastischen Struktur erkennt man jetzt auch Mineralkörner. Der Mineralbestand der Hornfelse ist schwankend. Andalusit und Cordierit sind meist in Form von großen Porphyroblasten vorhanden. Diese Zusammenstellung ist die wohl häufigste und ist unter dem Begriff *Andalusit-Cordierit-Hornfels* bekannt. Orthoklas tritt an die Stelle von Muskovit, was aber am Handstück nicht verfolgt werden kann. Gelegentlich entwickelt sich Mikroklin. Akzessorisch kann Turmalin auftauchen, was aber nur die mikroskopische Analyse verrät. In quarzuntersättigten Gesteinen findet man anstelle

Andalusit

Chiastolith mit
typischem Kreuz

Cordierit

Fleckschiefer

Chiastolithschiefer

5 cm

Hornfels mit
Andalusit und
Chiastolith

Bänderhornfels

Hornfels

von freiem Quarz oftmals auch die Oxidminerale Spinell und Korund. Direkt am Kontakt kann sich in den Tongesteinhornfelsen das Pyroxenmineral Hypersthen so stark entwickeln, daß von einem *Pyroxenhornfels* die Rede ist. An weiteren Mineralen sind Cordierit, Spinell, Korund, Orthoklas und etwas Plagioklas vorhanden. Die Unterscheidung dieser Hornfelse von denen aus basischen Magmatiten gelingt nicht leicht – die basischen Hornfelse sind vielleicht einen Stich dunkler. Die Lagerungsverhältnisse im Gelände ermöglichen jedoch oft eine verläßliche Zuordnung.

Als typisches Hochtemperaturmineral im unmittelbaren Kontaktbereich entwickelt sich Sillimanit durch Gitterumbau aus dem Andalusit. Weniger häufige Minerale dieser Hornfelsfazies umfassen Disthen, Staurolith und Almandin – es sind aber mehr Minerale der regionalmetamorphen Gesteine.

Vorkommen

Die erwähnten Hornfelse sind gewöhnlich harte, zähe und splittrige Gesteine und bereiten Schwierigkeiten beim Beproben. Es empfiehlt sich stets ein Augenschutz beim Hämmern. Die niedrigtemperierten Fleck- und Chiastolithschiefer bricht man am besten mit dem Meißel. Finden Sie Schiefer mit großen Chiastolithen, bedenken Sie bitte auch die Schutzwürdigkeit solcher Exemplare vor Raubbau.

Kontaktaureolen haben eine sehr begrenzte Ausdehnung und üben daher nur wenig landschaftsbildenden Einfluß aus. Besonders die kontaktfernen Gesteine sind weich und leicht erodierbar und neigen zu eher flachen Landschaftsformen. Die kontaktnahen harten Hornfelse jedoch bringen aufgrund ihrer Verwitterungsresistenz erhabene Gesteinsformen mit steilen und eckigen Felsabbrüchen hervor. An Härte übertreffen sie oft sogar die intrudierten Magmatite.

Kontaktmetamorphite aus Tongesteinen finden wir in folgenden Gegenden: Fleck- und Chiastolithschiefer in den Schieferhüllen der Tauern, in den Westalpen, im Fichtelgebirge (Gefrees), im Harz und bei Riesa (Sachsen); höhermetamorphe Schiefer im Harz, in den West- und Zentralalpen, Pyrenäen, Vogesen, im Erzgebirge; Hornfelse finden sich im Fichtelgebirge, im Odenwald, im Harz.

Regionalmetamorphose

Von allen Gesteinen reagieren die Tongesteine als erstes auf regionalmetamorphe Veränderungen. Diagenetisch verfestigter Schieferton verwandelt sich zunächst in den schwachmetamorphen Tonschiefer.

Tonschiefer. Es sind schwarze Gesteine mit Beimengungen von brauner, grüner und blauer Farbe. Das Korn ist extrem feinkörnig; ursprüngliche Sedimentstrukturen sind erhalten geblieben. Tonschiefer besitzen eine hervorragende Schieferung und können entlang den Schieferungsflächen mit einem Meißel leicht aufgebrochen werden. Die Schieferung wird von den parallel eingeregelten und senkrecht zur Druckrichtung stehenden Glimmermineralen verursacht. Es handelt sich hauptsächlich um Chlorit und Muskovit, die aus der Rekristallisation der Tonminerale hervorgegangen sind. Die schwarze Färbung beruht, wie so oft, auf feinverteilten Kohlepar-

Schwarzschiefer

Pyritschiefer

rötlicher Schiefer

gerunzelter
Pyritschiefer

pyritführender
Schwarzschiefer

verwitterte Pyrite
im Schiefer

5 cm

Phyllit

tikelchen. Manche Tonschiefer können recht schöne Pyritwürfel beinhalten – man spricht dann von *Pyritschiefern.* In Aufschlüssen fallen sie durch kavernöse Oberflächen auf, da die anfälligen Pyrite längst herausgewittert sind (→ S. 165).

Phyllit. Bei gleichbleibend niedrigem Druck, aber leichter Temperaturzunahme (300 bis 350 °C) entstehen *Phyllite.* Das Korn ist etwas gröber als beim Tonschiefer, was aber im Handstück nicht ersichtlich ist. Phyllite führen reichlich Muskovit, insbesondere auch Chlorit, der für die blaßgrüne Farbgebung verantwortlich zeichnet. Die Schieferung ist sehr ausgeprägt und geht wie beim Tonschiefer auf die Paralleltextur der Glimmer und Chlorite zurück (s. oben). Da diese Plättchen größer als in den Tonschiefern sind, verleihen ihre Spaltflächen dem Phyllit einen silberig hellen, seidigen Glanz. Die Spaltflächen sind sehr unregelmäßig geformt und wirken wie verbogen. Manche Phyllite enthalten dünne, zur Schieferungsrichtung parallele Quarzadern. Hauptminerale sind also Muskovit, Chlorit, etwas Quarz und Eisenerz, mitunter etwas Biotit.

Schiefer. Weiterer Druck- und Temperaturanstieg (höherer Metamorphosegrad) führt zur Bildung der verschiedensten Schiefer, die meist nach ihren vorherrschenden Mineralen benannt werden. Die Korngröße ist gegenüber Tonschiefern und Phylliten wiederum angestiegen. Das Hauptmerkmal, die auffällige Schieferung, macht sie im Gelände leicht erkennbar.

Die grünlichgrauen *Chloritschiefer* gehören zu den niedrigmetamorphen Schiefern. Der Chlorit bildet ebenso wie das sehr ähnliche blaugrüne Mineral *Chloritoid* Porphyroblasten. Daneben kommen Quarz, Muskovit, Epidot und manchmal etwas Albit vor. Die Chloritschiefer sind sehr oft mit Phylliten vergesellschaftet.

Metamorph etwas höhergradige Schiefer sind die *Glimmerschiefer*, beispielsweise *Biotit-* oder *Muskovitschiefer.* Letztere sind hellglänzend, besitzen eine gute Schieferung und sind relativ grobkörnig. Etwas Quarz ist meist zugegen, auch Chlorit, Biotit und dunkelroter Granat. Die Biotitschiefer weisen ähnliche Korngröße auf, erscheinen aber viel dunkler. Die Schieferung ist gleichfalls gut entwickelt und häufig treffen wir eine Bänderung an. Wenig Chlorit und Muskovit sind vorhanden, die aber gegenüber dem Biotit zurücktreten. Quarz und Feldspat sind in den helleren Streifenpartien angereichert, wobei Feldspat Porphyroblasten entwickelt.

Die weit auffälligeren Porphyroblasten stellt allerdings das Granatmineral Almandin in den *Granatglimmerschiefern.* In diesen Schiefern ist nun aller Chlorit verschwunden, da der Metamorphosegrad gegenüber den Glimmerschiefern etwas höher ist. Quarz, Muskovit und Plagioklas sind weitere Minerale. Glimmerschiefer und Granatglimmerschiefer sind oft gefaltet bzw. gefältelt.

Noch höhergradige Schiefer sind *Staurolith-* und *Disthenschiefer* mit gut entwickelter Schieferung und Bänderung. Es sind dunkle, ziemlich grobkörnige Gesteine mit fallweise Granat-, Staurolith- oder Disthenporphyroblasten. Der Staurolith zeigt bezüglich der Schieferung keine Orientierung. Die weiteren Minerale umfassen Quarz, Biotit, Muskovit, Granat, Disthen, Staurolith und Oligoklas – manchmal auch etwas Orthoklas. Staurolith erscheint generell vor dem Disthen.

Chlorit

Muskovit

Biotit

Granat

Staurolith

Disthen

Sillimanit

Quarz

Plagioklas

Schiefer

5 cm

Mitunter kann bei noch höheren Metamorphosegraden der Disthen durch Sillimanit ersetzt werden, um *Sillimanitschiefer* zu bilden. Im Gegensatz zu den porphyroblastischen Granaten, Staurolithen oder Disthenen liegen hier die Sillimanite in zerbrechlichen Nadeln vor. Begleitminerale dieser Schiefer sind Apatit, Turmalin, Zirkon und Eisenerze.

Gneis. Diese Gesteine ($\rightarrow$ S. 171) gehören der hochgradigen Metamorphose an. Das Korn ist mittel bis grob, die Farbe grau mit rosa. Die typische Gneisbänderung ist sehr auffällig: Die hellen Bänder tragen Quarz und Feldspat, die dunklen Glimmer und Hornblende. Die Bänderstärke wechselt von einigen Millimetern zu mehreren Zentimetern; sie können sowohl gefaltet oder ungefaltet sein. Paralleltextur ist vorherrschend; in den Dunkelbändern können die Hornblenden ausgerichtet sein. In den Hellbändern ist eine granoblastische Struktur entwickelt. Häufige Minerale sind Quarz, Feldspat, Biotit, Hornblende, Disthen und Sillimanit, manchmal etwas Granat. Gelegentlich sprossen linsenförmige Feldspatporphyroblasten in Zentimetergröße – dann liegt ein sogenannter *Augengneis* vor. Steigen Druck und Temperatur noch weiter an, kommt es zu Teilaufschmelzungen mit Magmenbildung, aus denen lokal besondere Gesteine, *Migmatite*, hervorgehen ($\rightarrow$ S. 150).

Vorkommen

Regionalmetamorph umgewandelte Tongesteine können wegen ihrer Schieferigkeit recht leicht mit Meißel und Hammer beprobt werden. Nur die frisch sehr harten Gneise widersetzen sich stärker. Tonschiefer, Phyllite und Schiefer verwittern sehr leicht und nehmen dann eine weiche und krümelige Statur an; gleichzeitig setzen sie »Rost« an.

Alle diese Gesteine bilden ganze Landstriche von wechselndem Relief. Sie sind in allen Faltengebirgen der Erde beheimatet. Das hohe Relief geht aber mehr auf das Konto der mit Metamorphose verbundenen Tektonik und dynamischen Heraushebung des Gebirgskörpers – weniger auf das ihrer Härte. Die sehr zähen Gneise können dennoch eigene erhabene Körper bilden.

Die Verbreitungsgebiete sind bei uns generell die alten Rumpfgebirge von Harz, Odenwald, Vorspessart, Fichtelgebirge, Münchberger Gneismasse, Bayerischer Wald und Schwarzwald. Außerdem sind große Schiefer- und Gneisareale in den West- und Zentralalpen, in den Vogesen, in Skandinavien, in der Bretagne und in Schottland beheimatet.

Mineralogie

Andalusit. Die prismatischen Kristalle weisen einen quadratischen Querschnitt auf und können weiß, grau, rosa, braun oder grün sein. Die beiden Spaltebenen schneiden sich ungefähr in einem rechten Winkel; im Handstück kann nur eine der beiden Flächen beobachtet werden. Bei einer Härte von 7,5 ist keine Messerritzbarkeit gegeben, der Strich ist weiß und der Glanz glasig. Form und Härte des Andalusits sind diagnostisch. Die Varietät Chiastolith zeichnet sich durch die kreuzartigen, kohligen Einschlüsse aus.

Chloritschiefer

Glimmerschiefer

Granat-Glimmerschiefer

Staurolith-
schiefer

Biotit-Disthen-
schiefer

5 cm

Glimmerschiefer

Cordierit. Er tritt in unstrukturierten, derben Massen auf; die Kristalle sind meist hell- bis dunkelblau, aber auch grau. Die Spaltbarkeit ist unvollkommen und mit einer Härte von 7 widersetzt er sich dem Messer. Der Glanz ist glasig und der Strich weiß. Die blaue Farbe ist diagnostisch; geht sie aber ins Graue und ist die Struktur körnig, kann man Cordierit leicht mit Quarz verwechseln. Eine verläßliche Aussage kann dann nur die mikroskopische Untersuchung liefern.

Korund. Die tafeligen, prismatischen oder faßförmigen Kristalle können weiß, gelbbraun, gelb, blau (beim Saphir) oder rot (beim Rubin) sein; sie weisen keine Spaltbarkeit auf. Die Härte des Korunds beträgt 9, so daß er nur von Diamant geritzt werden kann; in Pulverform findet er daher verbreitete Anwendung in der Schleiftechnik. Er hat einen leuchtend glasigen Glanz und einen weißen Strich. Insbesondere Kristallform und bedingt die Härte sind diagnostisch.

Staurolith. Die prismatischen Kristalle sind rot- bis dunkelbraun und zeigen eine Spaltebene. Sie sind nicht mit dem Messer ritzbar (Härte 7) und zeigen bei einem grauen Strich einen matten Glasglanz. Die rhombischen Kristalle sind nicht selten zu Zwillingskreuzen verwachsen.

Disthen. Bei gleichem Chemismus wie Andalusit und Sillimanit (Al_2O_5) besitzt Disthen eine leuchtend hellblaue Farbe, kann aber auch weiß, grau oder grün sein, wobei die Färbung oft auch tüpfelig ist. Die blattstengeligen Kristalle zeigen zwei vollkommene Spaltebenen. Die Härte ändert sich mit der Kristallachsenrichtung, sie beträgt in Längserstreckung 4, quer dazu 7; man kann also nur in Längsrichtung ritzen. Der Strich ist weiß und der Glanz glasig bis perlmuttartig. Farbe und Kristallform sind typisch. Oft ist Disthen mit Staurolith verwachsen.

Sillimanit. In der Regel weisen die Kristalle prismatische Form auf; in faseriger Form heißen sie *Faserkiesel*. Sillimanit kann weiß, hellbraun oder hellgrau sein und zeigt eine vollkommene Spaltbarkeit. Bei einer Härte von 7 ist er kaum noch ritzbar. Der Strich ist weiß und der Glanz glasig. Der faserige Habitus macht es nicht leicht, Sillimanit von anderen Fasermineralen zu unterscheiden. Nur die mikroskopische Analyse kann hier eindeutig entscheiden.

Gneis

Gneis

Granat-
Hornblendegneis

Gneis

Hornblende-
Biotitgneis

5 cm

Granat-
Sillimanitgneis

Augengneis

Gneis

Metamorphose von Sandsteinen

Kontaktmetamorphose

Quarzsandsteine. Aufgrund ihres Quarzreichtums sind sie gegenüber niedrigen und mittleren Temperaturen relativ unempfindlich. Die wenigen Prozente an Tonmineralmatrix rekristallisieren jedoch leicht zu Muskovit, der aber im Handstück nicht erkennbar ist. Bei höheren Temperaturen rekristallisiert der Quarz und es entsteht ein *Quarzit* mit granoblastischer Struktur. Diese extrem harten, cremeweißen Gesteine sollten besser als *Metaquarzite* oder *Quarzhornfelse* bezeichnet werden, um sie begrifflich von sedimentären Quarziten abzuheben. Beide Arten sind stets texturlos. Die Gegenwart von kleinen, schimmernden Muskovitblättchen spricht für Metaquarzite, die im übrigen auch härter und schwerer sind.

Arkosen. Hochtemperierte Bedingungen machen aus diesen Sedimentiten massige, harte, splittrige und helle Hornfelse. Quarze und Feldspäte rekristallisieren zu granoblastischen Aggregaten. Die Tonmineralmatrix wandelt sich in Biotit um, während die Alkalifeldspäte und Plagioklase zu Muskovit konvertieren.

Grauwacken. Sie bestehen aus Quarz, Feldspat, Glimmer und Tonmineralen und einer sehr wechselhaften Komponente aus Gesteinsbruchstücken. Die resultierenden *Metagrauwacken* variieren entsprechend. Niedrige Temperaturen bewirken eine Metamorphose der feinkörnigen Matrix aus Quarz und Tonmineralen zu einem granoblastischen Aggregat aus gröberem Quarz, regellosen Muskoviten und etwas Amphibol. Die größeren Komponenten bleiben unbehelligt; im Handstück sieht man den dunklen, massigen Gesteinen kaum die metamorphe Überprägung an.

Höhere Temperaturen der Metamorphose greifen auch die Grobkomponenten an und wandeln sie in dunkle und mittelkörnige Hornfelse um. Hochtemperierte Metagrauwacken erscheinen dunkel, zäh, ja sogar körnig »pseudomagmatisch«. Je nach Ausgangsmineralogie entwickeln sich Biotit, Andalusit, Cordierit (als Porphyroblasten), Hypersthen, Quarz, Feldspat (meist Orthoklas), Granat und Staurolith. Quarzuntersättigte Gesteine bringen auch Korund und Spinell hervor.

Regionalmetamorphose

Quarzsandsteine. Auch in der Regionalmetamorphose entstehen *Quarzite*, die im Handstück schwerlich von kontaktmetamorphen unterschieden werden können. Fallweise entwickeln sich in hochgradig regionalmetamorphen Quarziten Schieferungen, was wiederum in Handstück kaum ersichtlich ist. Zur exakten Abgrenzung beider Quarzittypen trägt am verläßlichsten die Geländesituation bei: Die Nachbarschaft einer magmatischen Intrusion spricht wohl eher für kontaktmetamorphe Quarzite, während eine gefaltete und durchbewegte Gesteinsumgebung eine regionalmetamorphe Genese nahelegt.

Arkosen. Sie werden im allgemeinen in helle, geschieferte Gesteine umgewandelt. Vorwiegend sind es rekristallisierte, granoblastische Quarze und Feldspäte (Ortho- und Plagioklas), letztere manchmal auch als Porphyroblasten; sie sind mit dem freien Auge erkennbar. Man nennt solche Ge-

Quarzit

gebänderter Hornfels

5 cm

Hornfels

steine *Quarzschiefer*. Die Tonminerale konvertieren zu Glimmern, meist Muskovit oder untergeordnet Biotit. Die Glimmer verursachen wie gewohnt durch ihre parallele Lagerung die Schieferigkeit. Muskovit kann auch aus einer Umwandlung von Orthoklas hervorgehen. Etwas Mikroklin kann ebenfalls zugegen sein.

Grauwacken. Niedriggradige Metamorphose erzeugt aus den Matrixplagioklasen *Laumontit*, ein Zeolithmineral. Ein leichter Anstieg im Metamorphosegrad bringt die beiden Minerale *Prehnit* und *Pumpellyit* hervor; Quarz, Albit, sowie Chlorit sind zugegen und möglicherweise auch Titanit, Aktinolith und etwas Muskovit. Im Handstück merkt man nichts von metamorpher Beeinflussung.

Bei einem weiteren Anstieg des Metamorphosegrads setzt Schieferung ein. Steigt nur der Druck an, bilden sich *Blauschiefer (Glaukophanschiefer)*, die aber auch aus basischen Magmatiten entstehen können. Quarz, Glaukophan, Jadeit, Muskovit, Albit, etwas Chlorit sowie *Lawsonit* treten auf. Im Handstück erscheint das frische fein- bis mittelkörnige Gestein dunkelblaugrau und geschiefert; auf den Schieferungsflächen glitzern kleine Glimmerblättchen.

Hohe Metamorphosegrade erzeugen Schiefer und hell/dunkel gebänderte Gneise aus Quarz, Plagioklas, Mikroklin, Biotit und Muskovit, gelegentlich mit Hornblende.

Die höchste Metamorphosestufe löscht die Schieferung zugunsten einer umfassenden granoblastischen Struktur wieder aus. Es sind *Granulite* mit Quarz, Plagioklas, Orthoklas und Biotit als Hauptminerale, die am oberen Ende der Metamorphoseskala entstehen.

Vorkommen

Metamorphite aus Sandsteinen können durchaus erhabene Landschaftsformen bewirken; das Ausmaß hängt aber davon ab, welche Ausdehnung die ursprünglichen Sandsteine hatten. Abgesehen von den extrem harten und zähen Quarziten lassen sich metamorphe Sandsteine relativ leicht mit Hammer und Meißel beproben.

Kontaktmetamorphe Metasandsteine finden wir im Oberpfälzerwald und im Hessischen Bergland. Regionalmetamorphe Metasandsteine im Vorspessart, im Schwarzwald, in den Westalpen (Taveyanne-Sandstein), Savoyen, Norditalien.

Schieferquarzit

Metasandstein

Blauschiefer

Quarz-Feldspatschiefer

5 cm

Granulit

Gneis

Gneis

Metamorphose von Kalksteinen

Kalksteine sind leicht metamorphisierbar. Auch in diesem Zustand bewährt sich als Diagnosemethode die Beträufelung mit verdünnten Säuren, denn calcithaltige Metamorphite brausen auf.

Kontaktmetamorphose

Kalkstein (rein). In hochreinen Kalksteinen rekristallisieren die Calcite zu granoblastischen, gleichkörnigen *Marmoren*. Die Oberfläche ist groben Zuckerstücken nicht unähnlich.

Dolomit. Nicht viele Kalksteine sind rein aus Calcit aufgebaut. Dolomite und dolomitische Kalksteine sind Mischgesteine aus Calcit und dem Mineral Dolomit. Bei niedrigen Temperaturen rekristallisieren diese zu hellen *Dolomitmarmoren*, die den calcitischen Marmoren sehr ähnlich sind. Kenntlich sind sie wegen der schwächeren Reaktion auf verdünnte Säuren.

Bisweilen kann auch das extrem weiche Mineral *Talk* sprossen; desgleichen Epidot, die beide dem Gestein eine blaßgrüne Farbe verleihen. Dies bezieht sich allerdings mehr auf verunreinigte (tonige) Kalksteine und Dolomite.

Bei höheren Temperaturen löst sich der Dolomit auf in Calcit, *Periklas* (Magnesiumoxid) und flüchtiges Kohlendioxid; diese Gesteine heißen demgemäß *Periklasmarmore*. In Berührung mit Wasser ist der Periklas instabil und wandelt sich in *Brucit* um. Jedes Metakarbonat mit merklichen Brucitgehalten nennt man einen *Brucitmarmor* oder *Predazzit.*

Kieselkalke. Bei niedrigen Temperaturen rekristallisiert nur der Calcit und es entsteht *Quarzmarmor*. Bei steigender Temperatur reagieren Calcit und Quarz zu Kohlendioxid und *Wollastonit*, einem Kettensilikat. Da Calcit in der Regel reichlicher als Quarz vorhanden ist, rekristallisiert jener Calcit, der bei der Wollastonitreaktion übrigbleibt, zu granoblastischen Aggregaten, die auch im Handstück erkannt werden können. Das Gestein heißt *Wollastonitmarmor*.

Weitere Kalksteinarten. Ein Gutteil der Karbonatgesteine sind Gemenge aus Calcit, Dolomit, SiO_2 in Form von Quarzkörnchen oder Kieselschieferresten und Tonmineralen. Bei niedrigen Temperaturen rekristallisieren nur Calcit und Dolomit sowie die Tonminerale, die etwas Glimmer produzieren. Bei steigenden Temperaturen reagieren Dolomit und die SiO_2-Komponenten zu zusätzlichem Calcit und einer Olivinart namens *Forsterit*. Es resultiert ein hellgraues, mittel- bis grobkörniges Kristallingestein, ein *Forsteritmarmor*. Wie der Periklas ist Forsterit in Kontakt mit Wasser sehr instabil und reagiert zu *Serpentin*, einem faserigen Schichtsilikat – diesen Serpentinmarmor nennt man auch *Ophicalcit.*

Letzterer verwittert oberflächlich cremig weiß, zeigt aber im frischen Zustand sehr schöne, leuchtendgrüne Verwirbelungen. Die Minerale Diopsid, Talk, *Tremolit* (ein Calcium-Magnesium-Amphibol) und *Grossular* (hellgrüner Calciumgranat) finden sich ebenfalls.

Bei einem höheren Tonmineralanteil des ursprünglichen Kalksteins (z. B. mergeliger Kalk) entwickeln sich bei der Kontaktmetamorphose bevorzugt calciumreiche Silikate; Calcit dagegen wird weitgehend aufgezehrt.

Calcit

Brucit

Tremolit

Marmor

Brucitmarmor

Marmor

Wollastonitmarmor

Diopsidmarmor

Forsteritmarmor

5 cm

Tremolitmarmor

Es entstehen u. a. Tremolit, Diopsid, Grossular, Anorthit, Bytownit, Labradorit, der dunkelgrüne *Vesuvian*, Wollastonit, Epidotminerale, *Skapolith* und sogar etwas Quarz. Sie bilden zusammen die *Kalksilikathornfelse.*
    In aller Regel bewirkt die Kontaktmetamorphose keine Veränderung im
Chemismus der betroffenen Gesteine, abgesehen von einer Zufuhr oder
Reduzierung von Wasser und Kohlendioxid – sie ist *isochemisch.* Fallweise
kommt es aber doch zu einer Zufuhr von Elementen wie Silizium, Aluminium, Eisen, Magnesium, Chlor, Fluor oder Bor. Heiße Lösungen aus dem
Intrusionskörper führen sie heran und dringen ins Nebengestein ein. Besonders die Kalksteine sind empfänglich für den einsetzenden Imprägnations-
prozeß der *Metasomatose* und der Bildung von *Skarn.* Er kommt sehr nahe
am Kontakt in schmalen (einige Meter), scharf abgegrenzten Körpern vor.
Skarne sind fein- bis grobkörnige Gesteine von mannigfaltiger Farbgebung,
die von den zahlreichen schönen Mineralvergesellschaftungen, die sich hier
entwickeln, herrührt.

Regionalmetamorphose
Kalksteine und Dolomite (rein). Beide werden zu Marmoren umgewandelt;
auch Schieferung kann vorkommen. Massige Marmore können von kontaktmetamorphen Marmoren nur anhand der tektonischen Lagerungsverhältnisse im Gelände unterschieden werden.
Kieselige Kalksteine und Dolomite. Diese rekristallisieren einfach zu
schwach geschieferten Quarz-Calcit- oder Quarz-Dolomit-Gesteinen; ist
Wasser zugegen, kann der Dolomit in Talk, oder bei höheren Metamorphosegraden in Tremolit übergehen. Bei höchsten Graden erscheint zuerst
Diopsid, dann Forsterit. Etwas Epidot und Grossular kann auch entstehen,
ebenso Wollastonit. Diese Gesteine können sowohl geschiefert (*Kalksilikatschiefer*) als auch massig sein. Anwesende Tonminerale im Kalkstein
wandeln sich in Muskovit, Biotit oder Phlogopit um und bringen gut geschieferte Metakarbonate hervor. Bei höheren Graden verschwindet die
Schieferung zugunsten von gut gebänderten *Kalksilikatgneisen.* Die Präsenz
von Calcit, Tremolit, Diopsid, Epidot und Grossular läßt bei vielen regionalmetamorphen Kalksilikatgesteinen keine Schieferung aufkommen; vielmehr ähneln sie durch ihre Körnigkeit ihren Gegenstücken, den Kalksilikat-
hornfelsen. Nur die Geländesituation erlaubt eine eindeutige Diagnose.
Skapolith ist in diesen Gesteinen relativ häufig.
Weitere Kalksteine. Bei hohen Metamorphosegraden konvertieren un-
reine Kalksteine (z. B. Tonminerale, die genügend Aluminium und Silizium
enthalten) in Gesteine mit reichlich Calciumfeldspat, Amphibolen oder Pyroxenen.

Vorkommen
Metamorphe Kalksteine sind nicht besonders verwitterungsresistent und
überziehen sich rasch mit cremigweißen Oberflächen. Zu beproben sind sie
einfach. Sie treten auch nicht einzeln als landschaftsbildende Körper auf;
nur zusammen mit anderen, härteren Gesteinen können sie erhabene Formen entwickeln.
    Kontaktmetamorphe Karbonatgesteine gibt es im Harz, im Oberpfälzer

Grossular

Vesuvian

Skapolith

Talk

5 cm

Ophicalcit

gebänderter Ophicalcit

Granatskarn

Granat-Vesuvian-Skarn

Wald, im Fichtelgebirge; ferner in Norditalien (Predazzo), in Cornwall, auf den Hebriden Schottlands. Regionalmetamorphe Karbonatgesteine finden wir im Schwarzwald, im Fichtelgebirge, im Erzgebirge und Riesengebirge; berühmt ist der Carrara-Marmor in den Apenninen, weißer Marmor auch bei Laas im Vintschgau.

Hauptminerale

Brucit. Die Kristalle sind tafelig, blättrig, massig oder faserig mit einer vollkommen ausgebildeten Spaltfläche. Sie lassen sich sogar mit dem Fingernagel ritzen (Härte 2,5) und zeigen bei einem weißen Strich weiße, hellgraue, blaue oder grüne Färbungen. Die Spaltflächen weisen einen perlmuttartigen Glanz auf. Spaltbarkeit, geringe Härte und Blättrigkeit sind diagnostisch.

Wollastonit. Vorkommen in tafeligen oder prismatischen Kristallen oder in strahlig faserigen Massen. Die drei Spaltflächen sind sehr schwer auszumachen. Wollastonit ist leicht zu ritzen (Härte 4 bis 5). Er hat einen weißen Strich, ist weiß bis grau gefärbt und zeigt einen glasigen bis seidigen Glanz. Große Ähnlichkeit zu anderen weißen, faserigen Silikaten.

Tremolit. Er ähnelt, abgesehen von seiner weißen bis hellgrauen Farbe, stark dem Aktinolith.

Grossular. Dieser Granat mit seiner hellgrünen Farbe ist ansonsten Pyrop und Almandin recht ähnlich.

Vesuvian. Seine Kristalle sind prismatisch oder massig, oft auch gestreift und können geritzt werden (Härte 6 bis 7). Die Farben sind grün oder braun, der Strich ist weiß, der Glanz glasig und die Spaltbarkeit unvollkommen. Die diagnostischen Merkmale sind die Prismen mit den Streifen, während die massigen Aggregate leicht mit Granat oder Epidot verwechselbar sind.

Talk. Er liegt oft in Form von blättrigen oder auch derben Massen vor. Talk ist extrem weich (Härte 1), hat einen weißen Strich, ist hellgrün, weiß oder grau und besitzt eine vollkommene Spaltbarkeit. Der Glanz ist matt. Farbe, geringe Härte und die seifige Konstitution sind für die Diagnose von Wichtigkeit.

Skapolith. Er tritt in prismatischen Kristallen auf, kommt aber auch massig oder körnig vor. Zwei Spaltflächen liegen vor, die mit dem Messer ritzbar sind (Härte 5 bis 6). Die Farbe reicht von weiß bis blaugrau, der Strich ist weiß und der Glanz glasig. Typisch sind die massigen Kristalle, die Farbe und die Spaltbarkeit.

Begleitminerale

In metamorphen Kalksteinen, Kieselkalken und Dolomiten treten in Spuren eine Reihe pigmentierender Minerale auf, von denen Goethit (Eisenhydroxid), Hämatit (Eisenoxid), Chlorit, Serpentine und Graphit am bedeutendsten sind.

Kalksilikat-Hornfels

granatführender
Marmor

Kalksilikatschiefer

5 cm

Bändermarmor

Grossular-Vesuvian-Marmor

glimmerführender
Marmor

Literatur

Bauer, J.: Der Kosmos-Mineralienführer. Stuttgart 1981
Beurlen, K.: Geologie. Stuttgart 1978
Dietrich, P. v. / Skinner, B. J.: Die Gesteine und ihre Mineralien. Thun 1984
Geyer, O. F. / Gwinner, M. P.: Geologie von Baden-Württemberg. Stuttgart 1986
Henningsen, D.: Einführung in die Geologie der Bundesrepublik Deutschland. Stuttgart 1986
Look, E.-R.: Geologie und Bergbau im Braunschweiger Land (Geol. Jahrb.). Hannover 1984
Meyer, L.: Einführung in die Geologie Niedersachsens. Clausthal-Zellerfeld 1973
Mohr, K.: Geologie und Minerallagerstätten des Harzes. Stuttgart 1978
Pape, H.: Der Gesteinssammler. Stuttgart 1978
Der Erzsammler. Stuttgart 1978
Rutte, E.: Bayerns Erdgeschichte. München 1981
Schumann, W.: Der neue BLV Steine- und Mineralienführer. München 1985
Spuhler, L.: Einführung in die Geologie der Pfalz. Speyer 1957
Stirrup, M. / Heierli, H.: Grundwissen in Geologie. Thun 1984
Woolley, A. R. / Bishop, A. C. / Hamilton, W. R.: Der Kosmos-Steinführer. Stuttgart 1985

Lexikon

Ader Bergmännisch für kleinen Gang. Beinhaltet ferner alle verheilten Risse in Mineralen oder Gesteinen; Calcit oder Quarz sind die häufigsten Aderfüllungen.

Amphibole Große Gruppe der Bandsilikate mit reichlich Calcium, Eisen, Magnesium und Aluminium; oft in faserigen und nadeligen Formen. Beispiel: Hornblende.

Augengneis Gneisart mit großen, linsenförmig angeordneten Feldspat- oder Quarzkristallen.

basisch Eingebürgerter Begriff zur Beschreibung quarzloser, jedoch olivin-, pyroxen- und calciumplagioklasreicher Magmatite.

Batholith Großer intrusiver Magmatitkörper mit tiefliegender, un-beobachtbarer Förderzone; meist aus Granitgesteinen.

Bioklaste Bruchstücke aus organischen Hartteilen (Schalen, Skelettreste).

Deckgebirge Gesteinskomplex, in den Magmatite intrudieren.

Diagenese Niedrigtemperierte, physikochemische Veränderungen in Sedimenten beim Absenkungsprozeß.

diskordant Quer zur Schichtung liegend.

Dyke Senkrecht oder schräg intrudiertes, hypabyssisches Ganggestein, durchschlägt diskordant das Deckgebirge.

Einsprengling Große, in einer feinkörnigen Grundmasse (Matrix) liegende Kristalle in Magmatiten. Mustergestein: Porphyr.

Erdölfalle Tektonische Strukturen, die ein weiteres Aufsteigen des Erdöls aus dem Erdölmuttergestein (Bildungsort) im Speichergestein verhindern und zu einer Anreicherung des Öls führen.

eustatisch Begriff für weltweite Schwankungen des Meeresspiegelniveaus.

Evaporite Gruppe der Salzgesteine, zu den chemischen Sedimenten gehörend. Durch langandauernde Eindampfung in großen, isolierten Buchten und Nebenmeeren wurden besonders im Perm mächtige Salzlagerstätten gebildet.

Fallen Größter Neigungswinkel einer Schichtfläche gegenüber der Waagerechten.

Fazies Gesamtheit von Merkmalen eines bestimmten Milieus, in dem ein Sediment zur Ablagerung kommt; bei Metamorphiten die Gesamtheit von Mineralparagenesen, die eine bestimmte Druck- und Temperaturzone definieren.

Feldspäte Gruppe von Gerüstsilikaten mit reichlich Aluminium, Kalium, Calcium und Natrium; die wichtigsten Silikatminerale und häufigsten Minerale überhaupt.

felsisch Bezeichnung für alle hellen Silikatminerale wie Feldspat, Quarz oder Muskovit.

Fließtextur In sauren Vulkaniten recht häufiges Gefügemerkmal; entsteht in der Lava durch Stoffunterschiede oder Gasblasenanreicherungen.

holomelanokrat Magmatite, die fast ausschließlich aus mafischen (dunklen) Mineralen bestehen.

hypabyssisch Relativ flachliegende, in geringer Tiefe erfolgte Intrusion.

hypidiomorph Teilweise idiomorphe Ausgestaltung von Mineralen der Magmatite.

idiomorph Kristalle in Magmatiten, die ihre Eigengestalt in Form gut ausgebildeter Kristallflächen zeigen.

klastisch Sedimente, die aus Bruchstücken (Gesteinsschutt, Gerölle) anderer Gesteine aufgebaut sind.

Kluft Bruchelement, das weder in Mineralen noch im Gestein den vorliegenden Strukturflächen folgt; an Klüften erfolgten keine Relativbewegungen.

konkordant Parallel zur Schichtung liegend.

Kontaktaureole Thermisch beeinflußte (kontaktmetamorphe) Zone im Nebengestein rund um eine Intrusion.

Kontaktmetamorphose Temperatureinwirkung von Intrusionskörpern auf das Nebengestein.

Kristall Festkörper definierter chemischer Zusammensetzung und geordneter Atomstruktur; Grundbaustein der Minerale.

leukokrat Begriff für Magmatite, die reich sind an felsischen (hellen) Mineralen und selbst hell erscheinen.

Lineation Parallele Einregelung länglicher Minerale auf der Schieferungsfläche.

mafisch Eisen- und magnesiumreiche, dunkle Silikatminerale, z. B. Pyroxene und Amphibole sind mafisch.

Magma Gesteinsschmelze mit gelösten Gasen in größerer Tiefe der Kruste und des oberen Mantels gebildet; Grundsubstanz der Magmatite.

Magmatite Gesteinsfamilie, die aus der Erstarrung von Gesteinsschmelzen hervorgeht (Erstarrungsgesteine).

Mandelfüllung Ehemaliger Hohlraum in magmatischen Gesteinen, der sich später mit Sekundärmineralen, namentlich Zeolithen, Calcit oder Quarz verfüllt.

Marsch Küstennaher Festlandstreifen oberhalb der Hochflutlinie; wird nur vom Höchsthochwasser überflutet.

massig Bezeichnung für Gesteine und Minerale, die keine sichtbaren Gefüge aufweisen.

Matrix Feinkörnige Komponenten gröberkörniger Sediment(it)e. In Magmatiten: feinkörnige Grundmasse der Porphyrgesteine.

melanokrat Magmatite, die zu einem Gutteil aus mafischen Mineralen aufgebaut sind; das Gestein selbst erscheint dunkel.

mesokrat Farbbezeichnung für Magmatite, die ungefähr je zur Hälfte aus felsischen und mafischen Mineralen bestehen.

Metamorphite Umgewandelte Gesteine, die gegenüber dem Ausgangsgestein eine veränderte Mineralogie, Zusammensetzung, Struktur und Textur besitzen. Druck- und Temperaturerhöhungen bewirken diese Umwandlungen.

Metamorphosegrad Relative Einteilung der Intensität von Druck und Temperatur zu bestimmten Zonen (niedrig-, mittel-, hochmetamorph).

Mikrolithe Extrem kleine, oft prismatische Kristallbildungen in glasigen Gesteinen, nur mit stärksten Mikroskopen wahrnehmbar.

Mineralparagenese Vergesellschaftung von Mineralen der Metamorphose unter bestimmten Druck- und Temperaturbedingungen bei gegebenem Chemismus des Ausgangsgesteins.

Pluton Allgemeiner Ausdruck für größere Intrusivkörper, gleich welcher Gestalt.

poikiloblastisch Begriff für zahlreiche kleine Kristalleinschlüsse in einem größeren Mineralkorn; in Metamorphiten.

Porphyr Magmatisches Gestein mit großen Einsprenglingen in einer feinkörnigen Grundmasse.

Porphyroblast Großes Mineralkorn in einer feinkörnigen Umgebung; metamorphes Gegenstück zum Einsprengling.

Pyroklastika Bezeichnung für klastische vulkanische Lockermassen (z. B. Aschen); nicht jedoch für Laven.

Pyroxene Große Gruppe der Kettensilikate mit reichlich Magnesium, Eisen und Calcium, z. B. Augit, Diopsid, Hypersthen.

Regionalmetamorphose Ausgedehnte Metamorphose regionalen Ausmaßes, charakterisiert durch starke Zunahme von Temperatur und gerichtetem Druck (Streß).

Salzstock Aus tieferliegenden Gesteinsstockwerken wegen der geringen Dichte und der auflastenden Deckschichten aufgedrungener Salzkörper. Große Verbreitung in Norddeutschland.

sauer Eingebürgerter Begriff für Magmatite, die mehr als 10 Prozent freien Quarz sowie reichlich Alkalifeldspäte enthalten.

Schichtung Durch mineralogische und strukturelle Änderungen bedingte Lagigkeit ausgefällter oder abgelagerter Sedimente.

Schieferung Gefügeeigenschaft in metamorphen Gesteinen, die durch die Paralleltextur von Schichtsilikaten (Glimmern) verursacht wird. Besonders ausgeprägt in Schiefern.

Sebkha Arabischer Begriff für breite, temporär geflutete Salztonebenen im Küsten- als auch im Binnenseebereich.

Sedimentite Gesteine, die durch Abtragung anderer Gesteine, aus

Ausfällungsprodukten von Organismen oder durch Eindampfung von Meerwasser entstehen.

Sill Auch Lagergang genannt; mehr oder weniger horizontale, lagenförmige, hypabyssisch gebildete Gangfüllung in konkordanter Situation.

Sphärolith Kugelige Gebilde (1 cm Durchmesser) feiner, nadeliger Kristalle in radialstrahliger Anordnung; entsteht bei der Entglasung von natürlichem Glas.

Streichen Die Schnittlinie einer Schicht, Bruchfläche, Kluft etc. mit der Horizontalen; steht senkrecht zum Fallen.

Struktur Geometrische Ausbildung der einzelnen Minerale eines Gesteins (Kornform, Korngrößenrelationen). Bei Sediment(it)en auch Ablagerungsstrukturen (gradierte Schichtung, Rippeln etc.).

Textur Räumliche Anordnung der Minerale, insbesondere als Mineralaggregate, im Gestein (Fließtextur, Schlierentextur).

Ultrabasite Magmatite, die vorwiegend aus mafischen Mineralen bestehen; kein freier Quarz, nur wenige Feldspäte.

Ultramafitite Magmatische Gesteine, die nur aus einem oder mehreren mafischen Mineral(en) bestehen, z. B. Pyroxenit, Hornblendit; kein freier Quarz, kein Feldspat.

Verwerfung Bruchfuge im Gestein, an der sich die Gesteinsserien beiderseits der Störung relativ zueinander bewegt haben.

Xenolith Einschlüsse von Nebengestein, das vom aufsteigenden Magma mitgerissen wurde und als Fremdeinschluß im Magmatit vorliegt.

xenomorph Kristalle, die bei der Erstarrung zu wenig Platz vorfinden, als daß sie ihre Eigengestalt annehmen könnten.

Zement Meist kristallines Bindemittel zwischen den Sedimentkörnern aus Calcit, SiO_2 oder Eisenoxiden.

Zeolithe Große Gruppe feldspatähnlicher Gerüstsilikate mit den Komponenten Calcium, Kalium, Natrium, Barium und Wasser; oft Füllung von Mandeln.

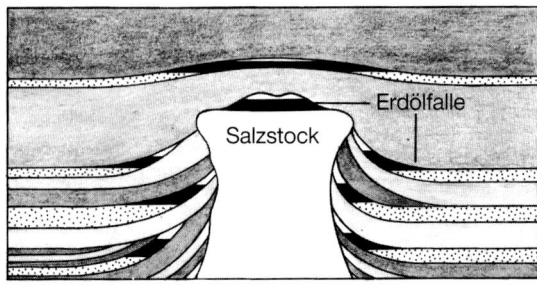

Salzstock mit Erdölfallen (→ S. 142).
Das ursprünglich horizontal sedimentierte Salz steigt in höhere Schichten auf und stellt eine undurchdringbare Barriere dar. Sie sind daher eine tektonische Struktur ersten Ranges für Erdölfallen. Das Erdöl verläßt das tieferliegende Erdölmuttergestein und steigt durch die porösen oder klüftigen Deckschichten so lange empor, bis es durch den Salzstock und anderer abdichtender Schichtglieder abgefangen wird und sich in den Zwickeln anreichert.

Strukturen und Texturen magmatischer und metamorpher Gesteine
Die folgenden Strukturen sind in Magmatiten und Metamorphiten weit verbreitet und durchziehen in den Einzelbeschreibungen, auf die in den Bildunterschriften verwiesen wird, das gesamte Buch.

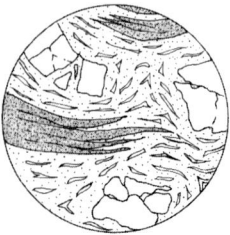
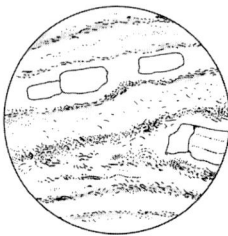
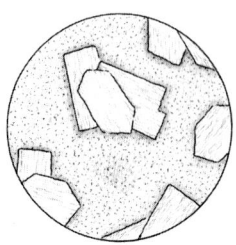

Ignimbrite (→ S. 78) besitzen eine ausgeprägt schlierige Textur.

Fließtexturen (→ S. 72) zeigt dieser Rhyolith; sie entstehen durch Korngrößenänderungen und Farbwechsel.

Glomerophyrische Struktur (→ S. 106). Sie entsteht durch Aggregate aus Einsprenglingen, die einen Einzelkristall vortäuschen.

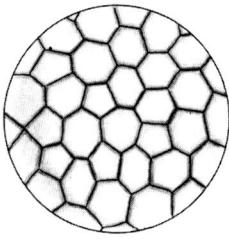

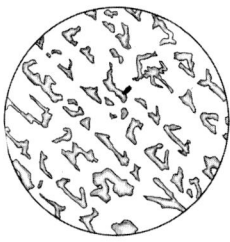

Granoblastische Struktur (→ S. 152). Eine gleichmäßige Geometrie kennzeichnet diese Struktur, wie sie in basischen Hornfelsen oder Eklogiten vorkommt.

Granophyrische Struktur (→ S. 70). Komplexe Verwachsungen von Quarz mit Feldspat, ähnlich dem Schriftgranit.

Graphische Struktur (→ S. 66). Verwachsungen von Quarz mit Feldspat; in Graniten (Schriftgranit) und Pegmatiten.

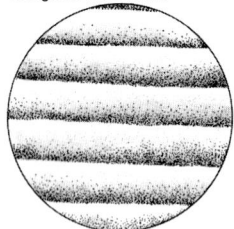
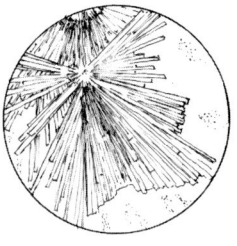
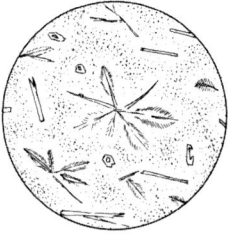

Geschichtete Intrusion (→ S. 152). Langsame Abkühlung begünstigte eine lagige Absonderung durch schnelleres Absinken der schweren Minerale.

Luxullianit (→ S. 82). Die radialen Turmalinsonnen dieses Gesteins können nicht immer mit bloßem Auge erkannt werden.

Mikrolithe in Gläsern (→ S. 74). Winzige Kristalle, die allmählich das Glas in rasch abgekühlten Rhyolithgesteinen ersetzen.

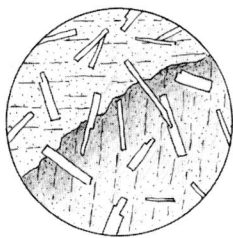

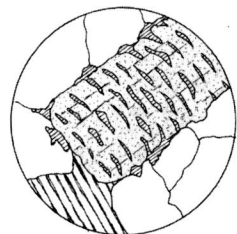

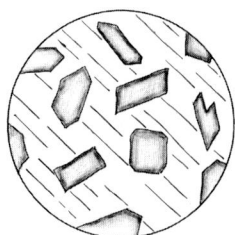

Ophitische Struktur (→ S. 102). In Doleriten werden Plagioklasleisten von Augitkörnern eingeschlossen.

Perthit-Entmischungsstruktur (→ S. 60). Entmischte Albitspindeln in einem Kalifeldspat als Wirtskristall.

Poikilitische Struktur (→ S. 88). Ein Wirtskristall schließt teilweise oder ganz mehrere kleinere Minerale verschiedener Art ein.

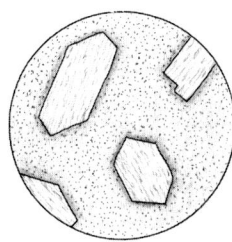

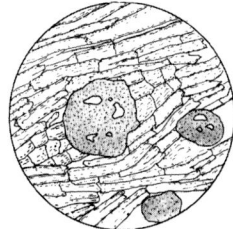

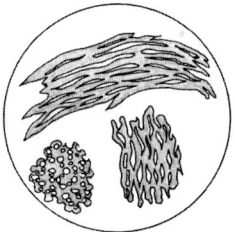

Porphyrische Struktur (→ S. 70). Große idiomorphe Einsprenglinge schwimmen in einer feinkörnigen Grundmasse; in Magmatiten sehr verbreitet.

Porphyroblastische Struktur (→ S. 154). Im Verlauf des metamorphen Kristallwachstums entwickeln sich große Porphyroblasten in einer feinkörnigen Grundmasse.

Bimsfragmente (→ S. 76). Längsschnitt (oben) und Querschnitte durch Bims verraten seinen überaus porösen Aufbau.

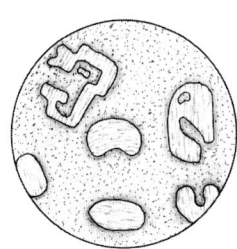

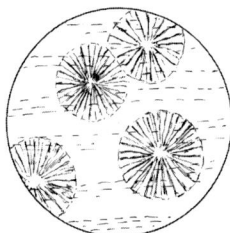

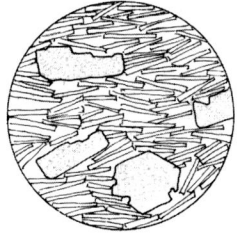

Korrodierte Einsprenglinge (→ S. 92). Reaktionen von bereits gebildeten Kristallen mit der Schmelze führen zu Korrosion, Randglättung und Einbuchtungen.

Sphärolithische Textur (→ S. 72). Kugelige, radialstrahlige und nadelige Kristalle, die vor allem im Zuge der Entglasung rhyolithischer Gläser wachsen.

Trachytische Struktur (→ S. 86). Feldspatleisten in angenähert paralleler Orientierung. Außer in Trachyten auch in anderen feldspatreichen Vulkaniten anzutreffen.

187

Stichwortverzeichnis

Die mit einem ^{T} (z. B. 65^T) versehenen Seitenzahlen verweisen auf einen Begriff in einer Farbtafel.

Stichwortverzeichnis